Trust

信托金融理论研究丛书

主　编：漆艰明
副主编：姚江涛　肖　华　蔡概还
　　　　李宪明　苏小军

日本信托银行年报与信托税制

译者 | 姜雪莲 等

中国金融出版社

责任编辑：董　飞
责任校对：孙　蕊
责任印制：裴　刚

图书在版编目（CIP）数据

日本信托银行年报与信托税制（Riben Xintuo Yinhang Nianbao yu Xintuo Shuizhi）／姜雪莲译. —北京：中国金融出版社，2018.8
ISBN 978 - 7 - 5049 - 9681 - 7

Ⅰ.①日…　Ⅱ.①姜…　Ⅲ.①商业信托—商业银行—日本—年报②信托制度—税收制度—研究—日本　Ⅳ.①F833.13②F813.133.2

中国版本图书馆 CIP 数据核字（2018）第 165961 号

出版
发行　　中国金融出版社

社址　北京市丰台区益泽路 2 号
市场开发部　（010）63266347，63805472，63439533（传真）
网上书店　http://www.chinafph.com
　　　　　　（010）63286832，63365686（传真）
读者服务部　（010）66070833，62568380
邮编　100071
经销　新华书店
印刷　保利达印务有限公司
尺寸　185 毫米×260 毫米
印张　14.75
字数　323 千
版次　2018 年 8 月第 1 版
印次　2018 年 8 月第 1 次印刷
定价　55.00 元
ISBN 978 - 7 - 5049 - 9681 - 7
如出现印装错误本社负责调换　联系电话（010）63263947

丛书编写组

主　　　　编：漆艰明

副　主　编：姚江涛　肖　华　蔡概还

　　　　　　　李宪明　苏小军

编写组成员：袁　田　陈　进　车　倩

　　　　　　　梁光勇　矫德峰　张雅楠

丛书总序

欣闻"信托金融理论研究丛书"出版,特致祝贺。

在西方发达国家,信托业已经发展成为现代金融业的重要组成部分,与银行、保险、证券一起并称为金融四大支柱。境外实践证明,信托已日益成为一项重要的财产管理制度安排。从应用范围来看,信托在社会生活的各个方面都有涉足,从家庭财产的管理、各种基金、投资融资、商事活动、公益事业、社会保障乃至国际合作开发的重大工程项目,都可以利用信托的组织形式。

在我国,自1979年新中国第一家信托投资公司成立以来,信托业作为改革开放的重要标志和窗口,跌宕起伏,风雨兼程,也已走过近40年的改革与发展历程,取得了令人瞩目的成绩。截至2017年底,信托行业管理的资产规模超过26万亿元,已经成为我国现代金融体系的重要组成部分,在丰富我国金融市场和支持国家经济社会发展方面发挥着重要作用。

然而,信托制度在我国社会经济生活中的认知普及和作用影响还远未达到其应有的广度;信托行业在构建现代金融体系和多层次资本市场这一蓝图大略中的基础定位还未被提升至其应有的高度；信托公司在优化内部治理、重塑商业模式、提升营运效率、拓展业务空间、回归信托本源等方面也还未发挥其应有的力度，也未达到其应有的深度。造成我国信托业发展存在诸多不足和问题的重要原因之一，就是与其他金融子行业相比，信托的金融理论基础相对薄弱，与信托在金融体系中的地位并不匹配。

现代金融领域的理论研究和实践探索从来都是相伴相生、相辅相成的。从现代金融行业在世界各国的发展历史来看，每一个金融子行业的产生、发展与壮大都离不开理论研究的支持辅佐，信托业的发展自然也不例外。中国的信托行业是在金融体系结构变迁与理财市场演进发展的进程中应运而生的，是中国资产管理和财富管理领域当之无愧的探路者和先行者。在全行业面临经营转型、战略调整与整体提升的关键时期，我国信托业亟须加强金融理论研究，强化理论自信。

在这种背景下，"信托金融理论研究丛书"的编写和出版恰逢其时，是信托行业盼望已久的一件有意义的事。信托兼具法律属性和金融属性，目前国内信托理论研究多围绕信托的法律属性展开，基于金融属性的理论研究成果相对较少，同时也比较片面和分散，尚未形成完整、系统的理论体系。因此，有必要借鉴国外信托金融研究的前沿思想精髓，探索搭建中国的信托金融理论体系。丛书通过翻译国外经典信托金融理论专著、论文，可以帮助我国信托业更好地开拓国际视野和关注理论前沿，为信托业转型发展提供重要的理论支持。

"博学之，审问之，慎思之，明辨之，笃行之。"伴随中国特色社会主义进入新时代，信托业的发展也迎来新机遇，知识理论的更新更是一日千里，衷心希望"信托金融理论研究丛书"对所有从事和关心信托业的读者有所启发，对信托公司树立世界眼光和回归业务本源有所帮助，对中国信托业的持续稳定发展有所贡献。

漆艰明

中国信托业协会党委书记、专职副会长（常务）

2018 年 6 月

前 言

境内外实践证明，信托税制和信托会计是影响信托金融健康发展的重要因素。信托税制对任何一个国家而言都是非常棘手的问题。其原因主要有两个方面：第一，对信托收益课税来说，首先是信托关系中有委托人、受托人与受益人三方信托关系人，对每个人分配多少权限，归属多少利益，由于信托的灵活性，可以设定多种形式的信托。从表面上看，对信托收益课税似乎与权限无关，如委托人享有撤销权的信托、可以自由变更受益人的信托等，委托人对待信托财产如同自己的财产一样，决定利益的享受者，此种情形也可以考虑对委托人课税。另外，信托利益在哪个阶段被具体化，滞后支付受益人利益时，所产生的信托利益应如何归属亦非简单明了。第二，信托本身不断发展，在某个时期内对主要信托的税制，嗣后由于信托结构的复杂化（受益权的分层或受益人的连续），则应该考虑制定适合新类型信托的税制。但是，由于社会变化、信托的发展脚步太快，而合理的信托税制的制定则需要一定的时间，信托与信托税制会产生一定的错位。

如此，信托本身结构的复杂性、信托根据时代发展的模式变化则是信托税制的根本问题。而该问题的核心基础在于信托的多样性，不同类型的信托并存，因此，应对不同的信托，探讨不同的信托税制显得尤为重要。

日本旧信托法1922年（大正11年）制定之际，对所得税法与法人税法进行了修改，之后，根据不同信托类型的出现，如贷款信托、年金信托、投资信托、资产证券化信托等，对税法进行了修改。2006年（平成18年）制定了现行信托法，其中又增加了受益人连续信托、目的信托等信托类型，2007年税法对此作出相应的调整，形成了现行信托税制的框架。

日本信托税制比较成熟，并且存在具体操作的信托会计标准，并且积累了诸多信托会计的实务经验，对我国信托税制、信托会计都有一定的启示。本书选择了《信托课税的基本问题——从经营主体课税之角度》（渡边智之）和《多样信托利用的税制建言》（冈村忠生）两篇论文，作为探讨信托税制的理论基础，另附有东京三菱信托银行会计结算报告书，以供参考。虽然译者从事信托研究，但对信托税制与会计较少涉猎，请各位先哲多多指教、批评。

本书能够顺利出版，感谢中国金融出版社的董飞编辑。同时，感谢日本信托协会和两位教授对翻译版权的授予。

姜雪莲

2018年6月

目 录

第一部分

一、信托课税的基本问题
——从经营主体课税之角度[①]

Trust

①　本论文原作者为一桥大学大学院经济学研究科教授渡边智之，载于《信托研究奖励金论集》第36号（2015.11），由姜雪莲及御茶水女子大学人间文化创成科学研究科硕士研究生简依梦翻译。

如何来说明现行信托课税的复杂构造，或者在被要求修改完善制度时应从何种观点来考虑信托税制应具有的样态，回答这些问题并非易事。本论文作为回应上述问题的准备工作，将信托税制的基本问题在经营主体课税中进行定位，利用简单的公式来整理课税模式的各个类型，同时，结合信息和财产权（property rights）的观点进行探讨。

在 2007 年（平成 19 年）税制修改后大体框架业已固定的现行信托税制中，根据受益人等课税信托、集合信托计划、法人税信托等分类的不同，其收益的课税方式也是各自不同，较为复杂。因此，为了从基本的观点来考量现行制度，首先从一般的观点出发审视信托课税，再从该观点来重新审视现行制度这个过程也许会更有用。基于此，本部分按照以下的顺序来展开探讨。

首先，在第 1 节中，尝试将经营主体课税的模式类型化。主要目的是为构建同时考察穿透性征税与经营主体课税的关系，基于市价基础课税与实现基础课税关系的理论框架结构。在第 2 节中，将在第 1 节中提出的框架结构适用于现行的信托课税模式。由此展示构成现行法课税方式之受益人课税信托、法人课税信托（包括转付型）、集合信托计划课税之间的关系，实现信托课税的类型化。在第 3 节中，在总结第 2 节探讨结果的同时，提出考察包含"隐性税收"（implicit tax）及信息和财产权（property rights）在内的信托课税之观点。

1 经营主体课税的类型

1.1 法人课税和穿透性征税

不仅是信托课税，一般来说，对经营主体的课税，如法人课税，是在经营主体阶段进行征税，抑或是在经营主体阶段不进行课税，而是在出资人（股东等）的阶段进行课税（跳过经营主体阶段的课税直接向出资人课税，被称为穿透性征税），问题是这两种课税类型是非连续地存在的。所以在下面会使用 Scholes，M．，et al．（2014）所提出的方法，通过对投资人的税后收益的比较，来探讨法人课税和穿透性征税这两种征税方式的差异。

如果将营利活动的税前年收益率设定为 R[①]，期间设定为 n 年，假若某个投资人将 1 单位的投资适用于穿透性课税适用的经营主体（以下称为穿透性课税经营主体），计算投资人在 n 年后会取得多少税后收益。将适用于投资人的所得税税率设定为 t_p 的话，对于本期 1 单位投资 n 年后的税后收益（用 Vp 表示）将是：

$$Vp = \left[\, 1 + R(1 - t_p)\,\right]^n \qquad (1)$$

本期的 1 单位投资在 1 年后除去税收将是 $\left[\, 1 + R\,(1 - t_p)\,\right]$ 单

---

① 此处的年收益率 R 是针对当年实现的、作为课税对象的收益。因此，没有必要区分基于市价的课税和基于实现的课税。关于账外收益（未实现利益）的情形，将于 1.2 节中详加论述。

位[①]。在第 2 年，对于 $[1+R(1-t_p)]$ 单位的投资会得到 R 的收益，此时会再次缴纳所得税，因而第二年结束时的税后收益是 $[1+R(1-t_p)]$ 的平方。这个操作会重复到 n 年后 n 次，所以 n 年后的税后收益是 $[1+R(1-t_p)]$ 的 n 次方。

对此，假若某个投资人将 1 单位投资于适用经营主体课税的经营主体（以下称为法人课税经营主体）（也可以看作购买了 1 单位的股份），需要同时考虑在法人课税经营主体阶段的法人课税和投资人（出资者）阶段的课税。在这里为了简化，假定法人企业不会在 n 年之中进行分红。投资人当初购买 1 单位股份，在 n 年后出售股份，将缴纳资本利得税。在这种情况下，将该投资人 n 年后得到的税后收益设定为 Vc，则

$$Vc = [1+R(1-t_c)]^n - \{[1+R(1-t_c)]^n - 1\} \times t_{cg} \qquad (2)$$

此公式中，t_c 表示法人税率，t_{cg} 表示资本利得税税率。公式（2）右边的第 1 项，表示每年对适用法人税的收益 R 的课税，第 2 项表示在 n 年后对于出资人阶段的资本利得税进行的课税。资本利得税的税基是，n 年后股权的处分价格（相当于企业取得的法人税后的收入）和最初的股权购买价格（1 单位的投资）的差额。

如果只是单纯地比较上述的公式（1）和公式（2），不能确定 Vp 和 Vc 哪个的值更大。也不能说法人课税企业在法人阶段和投资人阶段的两个阶段都会被课税就是不利的。例如，$t_p > t_c$ 的话，Vc 就有可能比 Vp 更大。一般来说（假定 R 值为双方相同），是根据 t_c、t_p、t_{cg} 及 n 值来决定法人课税经营主体与穿透性征税经营主体之间的利弊。

而且，在公式（2）中，假定法人课税的经营主体不对投资人进行分红。假如进行利益分红，在分红的那个时点，对于投资人就会产生分红的课税。用 d 来表示每年的分红。当然是以 $0 \leqslant d \leqslant R$ 为前提。投资人并不会把得到的分红再度投资于法人课税的经营主体，而是自己进行资

[①] 穿透性征税企业，对于企业所得的收益 R，不管是否将 R 对投资人进行分配，都视 R 为该年度投资人的所得，对投资人进行征税。

产运用得到收益 r。此时，对于投资人来说，n 年后的税后收入总额可以用以下的公式来表示：

$$Vcd = [1 + R(1 - t_c) - d]^n - [[1 + R(1 - t_c) - d]^n - 1] \times t_{cg} +$$

$$[d(1 - t_{div})/R(1 - t_p)] \times [[1 + R(1 - t_p)]^n - 1] \qquad (3)$$

在此，t_{div} 表示投资人所得的分红应该缴纳的税率。公式（3）右边的第一项与第二项同公式（2），第三项是每年税后的分红 $d(1 - t_{div})$，以投资人个人税后收益率 $R(1 - t_p)$ 进行资产运用为前提，通过等比级数列之和公式计算的结果。公式（2）也可以考虑为公式（3）的特殊情形（$d = 0$）。

上述公式（3）的特殊情形，法人课税经营主体对法人税后的收益全部进行分红，即 $d = R(1 - t_c)$ 的同时，法人税税率和分红税税率等同于一般的所得税税率 $(1 - t_c)(1 - t_{div}) = (1 - t_p)$ 的情况下，通过在公式（3）代入这些关系，就会得出 $Vcd = [(1 + R(1 - t_p)]^n$，穿透性征税企业的情况和公式（1）是一样的。

这表示，在 $(1 - t_c)(1 - t_{div}) = (1 - t_p)$ 的条件下，法人课税经营主本将法人税后的收益全部进行分红，在投资人阶段征税的，等同于每年直接对经营主体课以税前收益所得税。由于全部进行分红，企业阶段的收益向投资人阶段征税的递延效果消失的同时，由于设定了法人税和股息分红征税相结合的效果等同于所得税的效果的税率，和穿透性征税企业之间的差别就会消失。

以上是假定法人课税经营主体和穿透性征税经营主体之间的税前的年收益率 R 为一定比率，并且同时假定这两者是相等的情况。实践中，由于经营主体不同，R 为不同的情况更为普遍。法人课税经营主体是 Rc，穿透性课税经营主体是 Rp，$Rc \neq Rp$ 的可能性很大。实际上，Scholes，M.，et al. 所提出的方法中，展现了在均衡上为能使 Vp 和 Vc 的值相等，Rc、Rp 的关系应该也能确定的理论［即隐性税收（财产权）的理论］。第 3 节会采用该观点。

1.2　市价基础课税与实现基础课税

本节将对穿透性征税和法人课税这两种情形，适用市价基础课税与实现基础课税的情况进行比较。对于法人课税，由于在经营主体阶段和投资人阶段存在基于市价基础征税和基于实现基础课税的情形，需要探讨4种情形。

将经营主体收入中已实现的部分设置为 R，虽然已发生但是还未实现的部分（账外利益）设定为 H[①]，包括未实现部分在内的收益整体设定为 S $(S=R+H)$[②]。并且在已实现收益 R 中，将支付给投资人的分配金额或股息分红的部分设定为 d。这个 d 是一旦支付给投资人就不会再投资于经营主体，而是由投资人自己进行支配。与 1.1 节一样，对于向经营主体投资了 1 单位的投资人 n 年后的税后收益用 V 来表示 。Vp 为适用穿透性征税经营主体，Vc 为适用法人课税经营主体。并且在 V 后面的括号中，基于市价基础课税用 A，基于实现基础课税用 Z 来表示。例如，Vp (Z) 为个人投资人向实现基础课税为基准来算定收益的穿透性征税经营主体，投资了一单位之 n 年后的税后收益额。t_p 为一般的个人所得税税率，t_{cg} 为适用于投资人个人股权转让收益的资本所得税税率，t_{div} 为个人的应收股息 d 的适用税率，t_c 表示法人税率。

1.2.1　穿透性课税经营主体的情形

以市价为基础征税的穿透性征税经营主体，课税比较简单。实现收

---

① 虽然对于出现账外损失的情形（$H<0$ 的情形）也应加以讨论，但本文暂且只将论述对象限定在 $H>0$ 的情形。

② 具体来说，比如，出资人以 1 单位的土地投资经营活动，该土地在 n 年间每年可产生的收益为 R（如租金），同时土地的价格每年会上升 H。对于 R 和 H 的关系，与其假设 $S=R+H$，不如假设 $(1+R)$ $(1+H)$ $=1+S$ 更合适，但是本文重视直观、明确性，所以，暂且使用 $S=R+H$。再者，笔者认为，在 R 和 H 的乘积的值小到可以忽视的情形下，不管用哪个公式，都不会产生基本的偏差（参考第 9 页注释 1）。

益 R 中，账外所得 H 同样每年也会被课税，在经营主体阶段的所有收益 $[(R+H)=S]$ 会全部被看作投资人的所得，课以个人所得税。因而，

$$Vp(A) = [1 + S(1 - t_p)]^n \qquad (4)$$

公式（4）和公式（1）是一样的，只是将公式（1）中的 R 换做 S（$=R+H$）而已。公式（4）以 $d=0$ 为前提。但是，对于穿透性征税经营主体，如果考虑 $t_{div}=t_p$ 的话，就等于向投资人支付了分配金额和股息分红，投资人能够向穿透性征税经营主体进行再投资的话，公式（4）是不变的。

对此，如果穿透性征税经营主体运用实现基础课税，会变得些许复杂。在实现基础课税模式中，只有在经营主体阶段已实现收益 R 会成为每年投资人所得的课税对象，而账外所得 H 会在投资人 n 年后处分股份时，对其征收资本利得税[①]。即

$$V_p(Z) = [1 + R(1 - t_p) + H]^n - [[1 + R(1 - t_p) + H]^n - [1 + R(1 - t_p)]^n] \times t_{cg} \qquad (5)$$

以穿透性课税为前提的公式（5），应该不存在对同一收益的二次课税。在公式（5）的理念当中，已实现收益每年都会被课税，而账外所得会在 n 年后投资期间完结时被课税。但是，实际上，公式（5）对于收益 r 的双重征税不能完全被排除。因为，公式（5）右边第二项当

---

① 公式（5）也是以 $d=0$ 为前提的。即将 n 年的投资期间的税后收益、再投到该穿透性征税经营主体中。但是，将公式（5）作为 $V_p(Z)$ 的表达是否正确，确有探讨的必要。尤其是，出资人所持份额 n 年后的课税基础，以公式（5）中所示的 $[1 + R(1 - t_p)]^n$ 的值来表示是否合适，值得商榷。公式（5）是在"假设 $H=0$，n 年后适用的资本利得税的税基也应为 0"这一前提下，n 年后出资人的股份税基值才可为 $[1 + R(1 - t_p)]^n$。但是，虽然这样计算调整后的税基值是否合适尚须商榷，总之，需要些许调整。

另外，比如，以土地作为财产对穿透性征税企业体进行投资，如果假设 R 为土地的租金，H 为土地的增值部分，公式（5）中关于出资份额的税基计算问题，与企业中的"所得分类"与出资人的"所得分类"如何衔接，或他们之间没有关联之问题息息相关。

中的资本利得税的课税基础中包含了 R 和 H 的总和[①]。

请注意公式（5）与公式（2）是非常相似的。在公式（2）中，呈现了对 R 的经营主体阶段的课税（第一项）和对于 R 的投资人阶段的课税（第二项）。公示（5）呈现了对 R 的出资人阶段的课税（第一项）与对 H 的出资人阶段的课税（第二项）。这暗示着法人税的导入（$Vp \rightarrow Vc$）和实现为基础 $[Vp(A) \rightarrow Vp(Z)]$ 课税的导入之间存在某种共同要素。公式（5）和公式（2）的不同在于，在算定资本利得税的税基（basis）上有一些区别。为了考虑这些问题，以下探讨法人课税情况下，市价基础和实现基础课税的效果。

1.2.2 法人课税企业的情形

对于法人课税经营主体，因为会在经营主体阶段和出资人阶段分别进行课税，在比较市价和实现基础课税时，有必要假定以下 4 种情况。即

一 (A, A)：在经营主体阶段和出资人阶段都是以市价为税基

二 (Z, A)：在经营主体阶段以实现为税基，在出资人阶段以市价为税基

三 (A, Z)：在经营主体阶段以市价为税基，在出资人阶段以实现为税基

---

① 从此点来看，也有必要对公式（5）是否是 $Vp(Z)$ 的正确表达进行进一步的探讨。对于此问题，可以通过 $(1+R)(1+H) = 1+S$ 这种规定的方式加以改善（参考第 7 页脚注 2）。即 $(1+R)(1+H) = 1+S$ 这一公式下，公式（5）右边的第 2 项则变为 $[1 + R(1-t_p)(1+H)]^n - [1 + R(1-t_p)]^n = (1 + R(1-t_p))^n [(1+H)^n - 1]$，公式（5）整体为 $(1 + R(1-t_p))^n [(1+H)^n(1-t_{cg}) + t_{cg}]$，如此，可将资本利得课税的对象限定在账外收益 H 上。另外，如资本利得课税的对象用 $(1 + R(1-t_p))^n [(1+H)^n - 1]$ 来表示，犹如将税基定为 1，似乎解决了税基调整的问题。（由账外收益所生之资本利得 $[(1+H)^n - 1]$，赋予 $(1 + R(1-t_p))^n$ 这一系数时，账外收益的资本利得为超额收益，对超额收益的课税，有必要根据课税的时点调整税基的数量）但是，实践中，只是股份的处分价格 $[1 + R(1-t_p)(1+H)]^n - [1 + R(1-t_p)]^n$，因为无法将其分解为 R 和 H，所以 $Vp(Z)$ 中关于调整税基的必要性并未改变。另外，本注中讨论的关于 R 和 H 的积的问题本身，只是伴随着离散型模式的使用而产生的技术性问题，本文不涉及此类技术性问题。

四　(Z, Z)：在经营主体阶段和出资人阶段都以实现为税基

情况一　(A, A) 的情形

首先假定法人课税经营主体，在经营主体阶段和投资人阶段都以市价基础课税。以市价基础算定的收益每年是 S（$=R+H$），对于 S 虽适用法人课税，但是也对出资人所持有的股份产生的资本利得[1]课税。另外，即便经营主体向出资人进行分红，在市价基础课税的情况下，产生的资本收益也同样会被课税。因此，在 $t_p = t_{cg} = t_{div}$ 的假定[2]下，不管有无分红，都会变成

$$Vc(A, A) = \left[1 + S(1 - t_c)(1 - t_p) \right]^n \tag{6}$$

在公式（6）中呈现了对全部收益 S，每年课以法人税与所得税。限于此种情形，与公式（4）所表示的穿透性征税的情况相比，承担高税负。

但是公式（4）与公式（6）的区别并不是本质性的，两者基本上都是同样的公式。为使

$$(1 - t_c)(1 - t_{p1}) = (1 - t_p) \tag{7}$$

设定 t_{p1}[3]，将它代入公式（6），该公式的值与公式（4）的值完全是一样的。即：在对于经营主体阶段和出资人阶段以市价为基础进行课税的情况下，法人课税和穿透性征税能得出同样的结果。因此，像这种情形，法人税的有无并不是问题之所在，可以说如果可以对所持份额进行市值基础课税，法人税的存在就会变得无意义，法人税和个人所得税统合（集成）将自动成立。[4]

---

[1]　例如，假设股息（d）为 0，每年产生的资本利益应为 $1 - t_c$。

[2]　自然人阶段的基于市价的课税与概括性所得课税具有一定亲和性，因为在"理想的"概括性所得课税中无法进行所得分类，$t_p = t_{cg} = t_{div}$ 这种假定很自然。

[3]　为使 $t_{p1} = (t_p - t_c) / (1 + t_c)$，设定 t_{p1} 即可。根据 t_{p1} 进行的调整与通过法人税股东归属课税方式的调整相同。但是，法人税股东归属课税方式仅针对股息部分进行调整，t_{p1} 的调整是针对基于市价计算的全部法人所得。

[4]　当然，实务操作中，对股权的基于市价的课税在执行上会有些困难。另外，即便股权已在市场上交易，成交价反映的是市场的期待价格，未必与理论上的"市价"相同。

情况二　（Z，A）的情形

适用经营主体阶段实现基础课税的，经营主体阶段的税收基础是 R，法人税金额就是 R_{tc}。在投资人阶段因为适用于以市价为税基来征税，虽然课税的对象是 S 全体，但是其中 R_{tc} 部分已经在经营主体阶段作为法人税被扣除，因此，出资人的税收基础是 $S-R_{tc}$。因此，

$$Vc(Z，A) = [1 + (S - R_{tc})(1 - t_p)]^n \qquad (8)$$

公式（8）和公式（6）式相似，因此，虽然与公式（4）（穿透性征税的情形）也有一些相似，但还是有部分差异的。与（A，A）的情况一样，（R，A）的情况下，假设：

$$(S - R_{tc})(1 - t_{p2}) = S(1 - t_p) \qquad (9)$$

可以成立的条件下来求 t_{p2} 的值，把这个 t_{p2} 代入公式（8）的 t_p，其公式的值与公式（4）完全相同。即在适用法人课税的经营主体征税中，出资人阶段的所得如按市价课税基础计算，通过调整税率，可以使它和穿透性征税具有同样的效果①。

情况三　（A，Z）的情形

适用法人课税经营主体在经营主体阶段以市价基础征税，在出资人阶段以实现基础征税。在经营主体阶段的课税基础是 S，而投资人 n 年后（投资期间完结时）处分股权时，会产生资本利得税。因此可以考虑为

$$Vc(A，Z) = [1 + S(1 - t_c)]^n - [[1 + S(1 - t_c)]^n - 1] \times t_{cg} \quad (10)$$

只将公式（2）中的 R 替换为 S，则公式（10）和公式（2）完全一样。另外，表示对穿透性课税的经营主体以市价为基础课税公式（4）和上述公式（10）的关系等同于公式（1）与公式（2）的关系（不存在账外所得的穿透性征税和法人课税的关系）。即：可以明白对不存在账外所得的法人征税的双重课税效果，和在企业阶段以市价为基

---

① 但是，税率的调整方法与（A，A）的场合相比，会稍微复杂。即调整后的税率 t_{p2} 为 $1 - S(1 - t_p) / (S - R_{tc})$，$t_{p2}$ 不仅仅对 t_p 和 t_c，对 R 和 S 的比率也有影响。

础征税，并且在出资人阶段以实现为基础征税所产生的效果是相同的①。

再者，在（A，Z）的情况中，经营主体如果对出资人进行了股息分红，也和没有账外所得的公式（3）一样。即假设进行了分红 d，如果在 V_{cd}（A，Z）中除分红的运用部分（右边第 3 项）外，把 S 代入公式（3）中的 R，则变成

$$Vcd(A, Z) = \left[(1 + S(1 - t_c) - d)^n - \left[[1 + S(1 - t_c) - d]^n - 1\right] \times t_{cg}\right.$$
$$\left. + \left[d(1 - t_{div})/R(1 - t_p)\right] \times \left[[1 + R(1 - t_p)]^n - 1\right]\right] \quad (11)$$

情况四　（Z，Z）的案例

在企业阶段和投资人阶段以实现为基础征税的情形下，

$$Vc(Z, Z) = \left[1 + R(1 - t_c) + H\right]^n - \left[[1 + R(1 - t_c) + H]^n - 1\right] \times t_{cg}$$
$$(12)$$

公式（12）右边的第 1 项是以经营主体为基础的法人税课税，第 2 项是表示在出资人阶段的资本利得税。公式（12）和公式（10）基本上呈现了相同的形状。

须关注的是，公式（12）与表示对穿透性征税企业适用实现基础课税的公式（5）也很相似。公式（5）和公式（12）的差别是以下两点。

（i）对于每年实现的收益 R 适用的税率，公式（5）用 t_p，公式（12）中用 t_c 来表示。

（ii）适用于资本利得税的税基公式（5）用 $[1 + R(1 - t_p)]^n$，公式（12）用 1 来表示。

在上述的差别中，（i）显示了穿透性征税和法人课税的差异本身。（ii）显示的是，在穿透性征税的情况下，为避免对于 R 的双重征税对课税基础进行了调整，法人课税适用于经营主体阶段和出资人阶段，另外，出资人所持有的法人课税经营主体的份额的税基，并不会伴随着法

① 如在情况二（Z，A）的案例中讨论的一样，若在出资人阶段适用市价基础的课税，则不会产生经营主体的双重课税的效果。同样，如情况四（Z，Z）的案例中所论述，若是在经营主体阶段适用实现基础的课税，假设出资人阶段适用实现为基础的课税，经营主体的两阶段课税的效果与公式（1）和（2）也不相同。

人税课税进行调整。像这样，作为穿透性征税和法人课税之间重要的区别，在于出资人所持有的课税基础的调整方式不同。

并且，存在分红（$d > 0$）的情况下，公式（12）会变形为公式（13）。这个变形和公式（10）变形为公式（11）是相同的。

$$Vcd(Z, Z) = [1 + R(1 - t_c) + H - d]^n$$
$$- [[1 + R(1 - t_c) + H - d]^n - 1] t_{cg} + [d(1 - t_{div}) \times$$
$$R(1 - t_p)][[1 + R(1 - t_p)]^n - 1] \qquad (13)$$

1.3 小结

上述内容讨论了穿透性征税、法人课税与市价基础课税、实现基础课税的情形，以下综合探讨这两者[①]。下面是到目前为止出现过的主要公式，但是公式（1）和公式（4）稍微有一点变化，所以标记成了公式（1'）和公式（4'）[②]。

$$\cdot \quad Vp = [1 + R(1 - t_p)]^n - [1 + R(1 - t_p)]^n$$
$$- [1 + R(1 - t_p)]^n \times t_{cg} \qquad (1')$$

$$\cdot \quad Vc = [1 + R(1 - t_c)]^n - [1 + R(1 - t_c)]^n - 1 \times t_{cg} \qquad (2)$$

$$\cdot \quad Vp(A) = [1 + S(1 - t_p)]^n - [1 + S(1 - t_p)]^n$$
$$- [1 + S(1 - t_p)]^n \times t_{cg} \qquad (4')$$

$$\cdot \quad Vc(A,Z) = [1 + S(1 - t_c)]^n - [1 + S(1 - t_c)]^n - 1 \times t_{cg} \qquad (10)$$

$$\cdot \quad Vp(Z) = [1 + R(1 - t_p) + H]^n - [1 + R(1 - t_p) + H]^n$$

---

① 笔者作为考察信托课税的前提，该讨论是否有必要，在思考此问题时，渕（2009；P28）中这样论述到。"理论上，信托税制的难点说到底就在于，信托财产所生之纯资产的增加（或是构成信托财产的资产），在何时归属于何人"。而且，此处的"信托税制的难点"，正如在第2节所谈及的，在 Vp（Z）（公式（5））的情形下，表现的最为典型。

② 公式（4'）和公式（5）中 $H = 0$ 的话，就变为公式（1'），公式（10）和公式（12）中 $H = 0$ 的话，则变为公式（2）。从这层意义上，可以说公式（1'）和公式（2）表示的是 $H = 0$ 这种特别的情形。

$$- \left[1 + R(1 - t_p) \right]^n \right] \times t_{cg} \qquad (5)$$

$$\cdot Vc(Z,Z) = \left[1 + R(1 - t_c) + H \right]^n - \left\{ \left[1 + R(1 - t_c) + H \right]^n - 1 \right\}$$

$$\times t_{cg} \qquad (12)$$

上述公式的右边都是由两项组成。第 1 项表示对于经营主体收益在 n 年期间的经常性课税的效果，第 2 项表示的是 n 年后即投资期间完结时，出资人处分持有份额时课以的资本利得税的效果。公式（1'）和公式（4'）中的第 2 项仅仅是形式上的增加，这两种情形作为资本利得税对象的所得为零，所以第 2 项的值也是零。并且公式（1'）和公式（4'）中的第 2 项为零也可以考虑为，没有资产、股份双重结构的穿透性课税经营主体适用市价基础课税时，资产的税基经常会根据市价来进行调整，n 年后的市价和税基值是一样的。

首先，无视 t_p 和 t_c 的差异比较公式（1）和公式（2），两个公式的不同之处只有作为资本利得税的税基的取得价格（也就是投资期间完结时出资人持有份额的税基）。由穿透性征税向法人课税转移（且转为法人课税后不进行分红的前提下）所产生的效果，只是税基的变化。由此可见（对于分红的课税另行讨论），可以认为法人课税的特质在于，将出资人所持有份额的税基从企业持有资产的税基之中分离出来①。

与公式（1'）和（2）的关系完全相同的关系，也在公式（4'）和（10）、（5）和（12）之间成立。不管在哪种情形下，穿透性征税和法人课税的区别在于对出资人所持有份额的税基的差异。从作为法人课税的特质之"持有份额税基的剥离"这一点，就能够明白法人课税是以所持份额的实现基础课税为前提的。市价基础课税，本来就不会发生税基和市价偏离的问题，没有税基的剥离，法人课税的机制就不能产生作

---

① 从 $Vc(A,A)$ 和 $Vc(Z,A)$，即公式（6）和公式（8）可知，反映经营主体资产的价值调整出资者的股份时，形式上可以视为存在法人税 t_c，如果只调整税率，可以得出实质上跟 $Vp(A)$ 相同的结果，从这层意义上说，法人课税的机制已不存在。这意味着，作为产生法人课税特有效果的必要条件是，对出资人的股份适用实现基础课税之股份实现税基和资产税基的分离。两阶段课税本身，并不一定会产生法人课税所特有的效果。

用。这意味着对于所持份额的市价课税如果被导入，法人税在事实上就会消失。并且，从公式（5）可以明白在穿透性征税的情况下，对于投资人适用实现基础课税，会产生一种"双重课税"（资产运用阶段和处理的阶段双重课税）。

另外，将公式（4'）和公式（5）、公式（10）和公式（12）相比较，可以对比以市价、实现基础课税。如是市价基础课税，穿透性征税和法人课税二者，在经营主体阶段所产生的所得税、法人税的课税基础都是 S（$=R+H$），而在实现基础课税中，该税基为 R，而 H 的部分则适用于 n 年后（投资期间完结时）进行股权处分时，课以资本利得税。

将以上内容归总成简单的形象图，对经营主体课税进行类型化分类的是图1。图1中的 f，是份额税基分离的变换，g 是导入了账外所得征税递延后的变换。也可以看作是它们的逆反变换。即 f^{-1} 是图1和箭头方向相反的情况，份额税基统合后的变换，同样 g^{-1} 是导入了市价基础课税（OID 规则的导入与市价课税的导入有类似的要素[1]）的变换。

另外，图1中虽然未明示，公式（1'）和（2）的关系，即穿透性课税和法人课税的关系当中，包含上述的变换 f 和 g 的两方面要素。包含变换 f 的要素，通过比较公式（1'）和公式（2）则一目了然，法人税的导入，通过从资产的税基中将份额的税基剥离开来，可以得到简化资本利得税的效果[2]。另外，如果假定 $t_c < t_p$ 的话，通过比较公式（1'）和公式（2），变换 g 对应着法人税在企业内部保留（对于个人股东来说是一种账外所得）会产生的课税递延[3]。

---

[1]　关于 OID 规则与信托课税的论述，参见浅妻（2013）。

[2]　对于此点，在穿透性课税中，因为有税基调整的问题，比如，所得税中转让所得取得费的计算，即使在无账外收益的情形下，也会变得复杂，因此在实务中，一般通过"对日常生活所必要的转让所得的非课税"等的权宜之计来解决。

[3]　特定家族公司的特别税率（保留金课税），则是针对此问题。

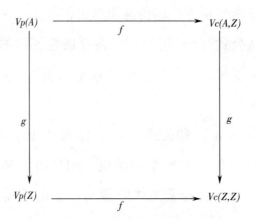

注：Vp（A）：以市价为基础的穿透性征税；Vp（Z）：以实现为基础的穿透性征税；Vc（A，Z）：法人课税（经营主体市价税基）；Vc（Z，Z）：法人课税（经营主体实现税基）；f：份额税基分离后的变化；g：导入实现基础课税后的变化。

图1　经营主体课税的类型化

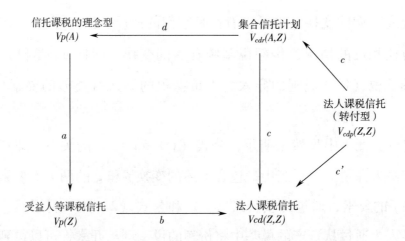

注：（a）变基础课税（相当于图1的g）；（b）份额税基的分离（相当于图1的f）；（c）扣除法人税课税（$tc = 0$）；（c'）股息税前列支产生的法人税减免；（d）防止市价税基课税和穿透性征税带来的课税递延（相当于图1的 g^{-1}、f^{-1}）。

图2　信托课税的类型化

此外，在 1.3 节中，是限定在不进行股利分红（d = 0）情形下进行的讨论。当存在股利分红，且不会再投资的情况下，与信托征税（特别是集合信托计划的征税）之间的关系，将作为第 2 节的讨论对象。

2　信托课税方式的类型

2.1　现行信托课税的三种类型

以下利用第 1 节探讨的理论框架，比较研究作为经营主体课税之特别情形的信托课税的类型。

信托课税的方式大致可以分为以下三种类型：

①受益人等的课税信托：对受益人直接进行穿透性征税。

②法人课税信托：受托人阶段的法人课税 + 对受益人的课税。

③集合信托计划：受益人在实际收到收益时课税（受领时征税，不进行穿透性征税和法人课税）。

以下逐个讨论这些类型后，探讨它们之间的相互关系。一般经营主体课税难点在于，穿透性征税以及法人课税两种征税方式非连续地并存着，很多情况下也是起因于，即使经营主体的性质连续变化，在某个时点课税方法不得不非连续性地分离①。此外，信托课税中，除穿透性征税和法人课税之外，还并存着受领时课税，可以说是第三种课税方法，所以有必要检验如何在穿透性征税和法人课税中定位受领时课税。

以下，为了将信托课税放到普通经营主体课税的文脉中去考量，虽认识到在信托中，委托人和受益人通常为不同人（多数情况下为相关的

---

① 　在第 1 节中已指出，在此之外还有基于市价课税和基于实现课税差异的重叠，使得问题变得复杂。

人），但还是将信托的受益人作为等同于经营主体课税投资人身份的主体。在经营主体课税的文脉中，出资人以某种形式享受由出资得到的利益，出现课税问题是很正常的，所以作为出资人之"受益人"的性格很重要。另外，在信托中"出资"的是委托人，因为委托人的"出资"的目的是确保受益人获得收益，将委托人和受益人同等看待应该不存在问题。此外，将信托的受托者看作相当于经营主体的管理者（或经营者）的同时（经营主体和受托者的关联将在第 3 节简单提到），作为经营主体阶段的对应用语，将会使用"信托财产阶段"。第 2 节和第 1 节同样，将受益人看作个人。

在信托中计算受益人的税后收益，假定其前提是当初设定了 1 单位的信托，受益人在 n 年间享受收益，在 n 年后处分信托受益权，承担转让利益课税的情形。其他的情形，例如，n 年后信托终止，或者，n 年后受益人死亡进行了遗产继承等很可能会出现，不过这些也可以作为是对 n 年后处分信托受益权承担利益转让课税情况的应用。与第 1 节一样，n 年期间每年实现收益用 R 表示，发生的账外所得用 H 表示，包含 R 和 H 的两者的全部收益用 S 表示。

2.2 受益人等课税信托

在信托课税的三种类型之中，首先，来讨论适用穿透性征税的受益人等课税信托的问题。

首先，像 1.2.1 节所讲述的，信托财产阶段根据市价来计算收益，对受益人进行穿透性征税的，比较简单。

在市价基础课税的情况，可以用以下公式（4）来表示。

$$Vp(A) = [1 + S(1 - t_p)]^n \qquad (4)$$

每年收益是 S 全额，会每年被课税，投资期间结束后的转让利益为零，因而不必考虑其课税，收益 S 应根据份额分配给受益人，作为受益人的收入来课税[①]。

实践中，由于在信托财产阶段是以实现为基础课税的，如嗣后探讨，以实现为基础课税会使"质的分割"之"根据权利内容"的分配变得很困难。但是，假如可以对以实现为基础的课税通过市价进行补正的话，问题就可以得到大幅度的改善。因为，如果已确定以市价为基础的信托阶段的收益 S 作为每年的税基，就算是"质的分割"，也必须确定以怎样的比例来分割 S。即在以市价基础征税中，因为税基经常会根据市价来调整，所以课税对象只有 S，没有必要去考虑受益人的税基会有什么变化，决定事项只需考虑在多数受益人间如何分配 S 的比例。如果能够确定各年产生的 S 分配到各受益人的分配比例，则可以确定受益人的课税所得。

例如，信托期间为 10 年的受益人 X 和 Y，将最初的 5 年收入分割 X 为 7 成，Y 为 3 成，后 5 年 X 为 3 成，Y 为 7 成，在最初的 5 年 X 的课税基础是 $0.7S$，Y 的课税基础可以看作 $0.3S$[②]。从全部信托期间（10 年）来看，X 和 Y 的之间通过信托获得的收益并不是 1:1 分配的，X 的收益价值（折扣率只要为正）会比 Y 的价值大，但这并不会让对信托受益人的市价基础征税变得困难。并且，如果 S 的值就算在事前不能确定，也不会影响课税。S 中的 R 由 X、H 由 Y 受益的情形也能应对。即便在信托期间没有事先确定的情况，（例如，在信托期间 y 死亡，或者分割比例的变更至 y 退休时为止），也不会在课税上产生问题。

像这样，在受益人等信托课税中适用以市价为税基课税的，（"质的分割"向每位受益人进行的收益分配比例不得不清楚地划分为每年），理论上可以认为不会发生课税上的问题[③]。但是实际上，在计算

---

① 实际上，由于另外增加了所得分类的问题，t_p 可能发生变化，这并非是"质的分割"信托所特有的问题。

② 受托人就 X 和 Y 的课税所得向课税机关提交年度报告（信息申报），与此相应，X 和 Y 就各自的课税所得进行申报。

③ 即针对 Vp（A）的情况，既不会产生税基的调整问题也不会产生账外收益的递延课税问题，在信托结构中，也不会产生课税上的问题。

受益人课税信托的信托财产阶段的利益时，通常都是使用以实现为基础课税的。以实现基础课税为前提的情况必须以公式（5）为前提来考虑。

$$Vp(Z) = [1 + R(1 - t_p) + H]^n - [[1 + R(1 - t_p) + H]^n$$

$$- [1 + R(1 - t_p)]^n] \times t_{cg} \tag{5}$$

在公式（5）中，可以窥视 Vp（Z）体现出来的课税的复杂性。把 Vp（Z）和 Vp（A）进行比较，尽管同样适用穿透性征税，仍然拥有两个重要的区别。第一，R 和 H 之间征税的方法是有差别的，R 作为每年经常性课税的对象，而 H 的课税会持续到信托期间终止之时（处分受益权之时）。第二，因为处分受益权时会产生资本利得税，信托受益人不得不预先计算其资产的税基。因而，就算信托的受益人是一个人，再以实现为基础的征税中使用穿透性征税也会变得很复杂。一般来说，认为以对账外所得进行递延课税为前提的现行实现基础课税，与穿透性征税之间不太融合。

如公式（5）要适用受益权的"质的分割"的情况，会产生更多麻烦。例如，有受益人 X 和受益人 Y，每年产生的收益 R 由 X 享有，n 年产生的资本收益由 Y 享有，即使假设这种最简单的情形，为了能够正确地施行征税，Y（或者称为受托者）有必要提前计算信托财产的税基，因此，Y 也有必要掌握 X 每年被课税的金额和适用税率等信息[①]。另外在信托产生的收益中，R 每年会被征税，H 部分会递延至受益权处分之时，即便想对利益"根据权利内容"进行课税，实际上税收负担的分配已背离了收益根据权利分配原则。

另外对于公式（5），无论是课税所得的大小还是课税所得的受益人 X 和 Y 之间的分配比例，都根据受益期间而变化。总而言之，在事前不知道 n 的情况下，在"质的分割"中，事前决定收益分配的数量是不可行的。由此，受益人等课税信托在实行"质的分割"时，即使"根据权利内容"实行课税，但是难于将"权利内容"置换成数值比率，

---

① 在收益 R 不确定时，信托财产的税基的计算就会更加困难。

也会出现课税难的问题。

2.3 法人课税信托 I ——一般性法人课税

即使是法人课税信托，一般情况下在信托财产阶段的利益计算也应是实现基础课税。在这种情况下，在无分配的例子中，适用公式（12）。

$$Vc(Z, Z) = [1 + R(1 - t_c) + H]^n - [[1 + R(1 - t_c) + H]^n - 1] \times t_{cg}$$
$$(12)$$

公式（12）和公式（5）相似。除了所得税 t_p 和法人税 t_c 不同，其不同之处是公式（12）的法人课税信托中，因为受益权的税基和信托财产的税基是被分开的，无须公式（5）调整税基。这虽然可以简化计算所得税，但是，却导致对于已经实现利益的 R 进行了双重课税[①]。

在法人课税信托中，进行收益分配时，适用公式（13）：

$$Vcd(Z, Z) = [1 + R(1 - t_c) + H - d]^n -$$
$$[[1 + R(1 - t_c) + H - d]^n - 1] \times tcg +$$
$$[d(1 - t_{div}) / R(1 - t_p)] \times$$
$$[[1 + R(1 - t_p)]^n - 1] \qquad (13)$$

公式（12）和公式（13）相比较而言，对于分配比，因为不能产生课税递延，一般而言，公式（13）的税负会变得更重，即分配利益的情形，税后利益会变小。因此，一般而言，在法人课税信托中，不对受益人分配更为有利。

在法人征税信托中，将受益权作为股票看待，可以割裂信托财产的价值变动进行交易。因此，受益权被"质的分割"，将各种受益权看似种类股，根据持有的受益权的分配课以分配所得，因转让受益产生的资

---

① 这点也不一定会得出法人信托课税税负沉重的结论。法人课税信托中，信托阶段所适用的并非所得税，而是法人税，所以，在所得税和法人税的税率不同时，公式（5）和公式（12）到底哪个值较大，不能一概而论。

本利益作为股票转让利益，可以根据交易的条件适用不同的征税。法人征税在信托财产阶段虽然会产生税负，但同时因为法人征税信托的导入，信托财产和受益权税基的分离，使得征税模式简单化。

2.4 法人课税信托 II——转付型

对于一定的法人课税信托，只要能够满足某些条件，可以作为支付分配的损失金计入。也可以说是转付（pay – through）型征税，在这种情况下公式（13）将会变成公式（14）：

$$V_{cdp}(Z,Z) = [1 + (R - d)(1 - t_c) + H]^n - [[1 + (R - d)(1 - t_c) + H]^n - 1] \times t_{cg} + [d(1 - t_{div})/R(1 - t_p)] \times [[1 + R(1 - t_p)]^n - 1] \tag{14}$$

公式（14）和公式（13）相比，因为可以计入分配损失金，公式（14）的税负会减轻，税后收益会增大。公式（14）是特殊情形之全额分配（$R = d$）型，并且假如 $t_{div} = t_p$[①]，公式（14）就会变成

$$V_{cdpR} = d(Z,Z) = (1 + H)^n - [(1 + H)^n - 1] \times t_{cg} + [1 + R(1 - t_p)]^n - 1 \tag{15}$$

公式（15）揭示了，允许转付的法人课税中，如已经实现的收益被全额分配，在信托财产阶段的课税就会逐渐消失，只有受益阶段的所得课税。

假如只看公式（15）中受益人阶段课税，展现出穿透性征税的公式（4）和公式（5）有一定的共通点。但是与公式（4）［适用市价课税的穿透性课税：Vp（A）］不同的是 R 和 H 被分别征税，对 R 每年课以所得税，H 适用信托期间终止时的资本利益征税。总而言之，公式（15）中的税负相比公式（4）而言有所减轻。假设对于分配所得适用的所得

---

① 作为转付型法人课税的适用条件，必须将收益的大部分用于股息分配。

税税率相比于一般的所得税税率低，公式（15）就会变得更加有利。另外在公式（15）中对 R 部分每年征税，相对 H 部分是 n 年后征税这一点，虽然和公式（5）的情况相同，但和公式（5）不同的是无须调整受益权的税基。

2.5 集合信托计划

集合信托计划，既不适用穿透性征税也不适用法人课税，结果是，受益人取得由信托财产产生的收益分配时之受领时课税。对于受领时课税的表示，公式（13）即在法人课税信托中进行分配时的公式，代入 $t_e = 0$，即[①]：

$$V_{cdr}(Z,Z) = [1 + (R + H - d)]^n - [[1 + (R + H - d)]^n - 1] \times$$
$$tcg + [d(1 - t_{div}) / R(1 - t_p)]$$
$$[[1 + R(1 - t_p)]^n - 1] \qquad (16)$$

公式（16）揭示出在集合信托计划中，信托阶段产生的收益课税被递延至受领时课税，未分配的收益，存在 $R + H - d$（$= S - d$）情形的，课税被递延至信托期间终止时（受益人处分受益权之时）。但是在集合信托计划中，信托财产不会产生账外收益 H 时，例如信托财产是金钱的情况下，被递延的课税是收益 R 中没有被分配的部分。另外，如果从课税递延部分应限定在一定程度之观点出发，对"特定受益证券发行信托"课以未分配利益的限制。

集合信托计划公式（16）相比于转付型的法人课税信托公式（14）

---

① 表示转付型法人课税信托的公式（14）中，将 $tc = 0$ 代入，可得公式（16）。不论如何，从公式的形式上来看，与其将集合信托计划归入"非穿透性征税的受益人等课税信托"不如将其视为"法人税率为 0 的法人课税信托"更容易理解。因为法人课税信托和集合信托计划，在课税上，存在无须调整受益权税基这一共通要素。而且，假设在表示受益人等课税信托的公式（5）上追加股息项，则变成相当于 $Vpd(Z)$ 的公式，即使将 $tp = 0$ 代入，也未必能得到公式（16）。因为 $Vpd(Z)$ 中，在投资终止时计算资本利得时的取得价格一般不为 1，有必要进行调整。

更为有利。但是，全额分配的（$R = d$）的情况下，如果 $t_p = t_{div}$，也就是公式（16）和公式（15）（转付型法人征税信托中全额分配的情况）完全相同。也就是说在已实现的收益几乎全部、立即被分配的情况下，无论是集合信托计划还是转付型的法人征税信托，都具有相同的课税效果。

2.6　小结

在第 2 节中，利用第 1 节整理的企业征税的模型，对信托税制的效果做了比较并进行了分析。信托税制的类型，大体上分为穿透性征税和法人课税两种类型的变形。虽然说穿透性征税是信托课税的基本形式，因穿透性课税适于市价基础课税，具有一定的整合性，而实现基础课税，在计算税基问题尚存在一定困难。关于受益人等信托税，增加了对受益权进行"质的分离"时课税上的困难、以市价基础课税为前提的穿透性课税适用上的困难。

另外，在法人课税信托和集合信托计划中，不会出现受益人课税信托中难于算定税基的问题[1]。但是，在法人课税信托中，会对实际收益 R 进行双重征税，这样就会产生过重的税负，导致无法利用信托的情形，法人课税并非有效的解决方法。可以使用以下手段减轻对收益 R 双重征税所带来的影响：收益中未分配部分在计算法人税时，存在将损失金计人之穿透性课税方式。另外，集合信托计划受领时课税，与其说不适用受益人等课税信托的穿透性征税，不如说是法人税信托中法人税税率为零的情形，如此解释从整理课税类型之角度，较为清晰[2]。

---

[1]　另外，如佐藤（2010c）所述，在受益人不存在或数量过多导致很难适用穿透性课税时，可以考虑适用法人课税信托和受领时课税信托。

[2]　当然，实际的信托课税制度中，在法人课税信托导入之前，受领时课税方式业已存在，将后者视作前者的特殊情形，与历史性发展之间欠缺整合性。但是，此处并非是对制度进行历史性分析，归根结底，是以现行制度为前提的"共时性的"整理为目的。

3　从理想信托课税方式之角度

3.1　从经营主体课税之角度

第 2 节从经营主体课税的角度，整理了现行信托课税的各种类型。第 2 节的整理可以参照第 16 页中的图 2，图 2 的记号与以下的信托课税类型相对应。

· Vp（A）信托税的理想型：公式（4）

· Vp（Z）受益人税信托：公式（5）

· Vcd（Z，Z）法人税信托：公式（13）

· $Vcdp$（Z，Z）法人税信托（转付征税）：公式（14）

· $Vcdr$（Z，Z）集合信托计划（受领时课税）：公式（16）

另外，图 2 中的箭头指向表示出现以下的情形时的课税方式的变化。

a 表示放弃市价基础课税（从现实考虑 H 的课税递延）

b 表示税基的分离（为了使征税方式更简便，将份额税基和资产税基分离）

c 表示废止法人税以消除双重征税（税负适当化）

c' 表示将支付分配计入损失金算来避免双重征税（税负适当化）

d 表示排除对收益的递延课税（税负适当化）

原本，信托课税的理想型是穿透性课税，但是，因如 Vp（A）所示，由于市价基础课税难于实行①，在现实中不得不采用以实现为基础的课税（a）。受益人课税信托相当于 Vp（Z），这被作为现行信托税制的基本原则。但是，要适当地对 Vp（Z）进行课税并非易事。特别是当受益人为多数时，要将收益权进行"质的分离"是很困难的。其主要原因是 Vp（Z）的征税方式中税基的算定十分复杂。于是，通过导入法人课税信托和受益权股权化，分离受益权的税基与信托资产的税基，实现征税简便化（b）。这种情况下，法人课税信托的问题是对信托收益的双重征税，为了避免这个情况，或导入受领时课税（c），或者是在法人课税信托中导入转付型课税（c'）。但是，在受领时课税中会产生税收递延的问题，为了应对这个问题（并不是回到法人课税），不得不使用穿透性征税（d）。像这样，虽然不能同时解决所有的问题，对每个问题的解决结果，则可以解释存在各种各样的信托税收类型。

以上虽然对诸信托课税类型中的税收模型进行了整理，但在现实中，只有模型是无法确定课税的。特别是设定税率甚为重要。如有税率之差，其影响可能要比课税模型的影响更大。在税率之差中，首先是个人所得税税率（t_p）和法人税税率（t_c）的差。今后，如果下调法人税税率，法人课税信托的劣势也可以得到缓和。但是，法人课税信托作为信托课税的一环被导入，是因为出现了受益人课税难于发挥作用的信托②，在法人课税信托中采用的"功能性法人课税"，并不一定必须适用一般法人税中规定的法人税税率③。另外，所得税中受所得分类的影响，适用的税率也不同。如果利息所得、分配所得、有价证券转让利益等所使用的税率和一般税率不同，包括集合信托计划在内的信托课税方式，需要探讨基于所得分类所产生的税负差异是否恰当。

---

① 这些箭头以及箭头所示的变化，毕竟是理论上的整理，与现实中所进行的信托税制修改原委无关。

② 其他导入法人课税信托的理由，如佐藤（2010b）所述，是因为考虑到存在逃避课税的情形。

③ 当然，对于与法人在实质上有相同功能的信托，适用法人课税本身也是妥当的。

3.2 隐性税收及信息和财产权

由第 1 节和第 2 节内容可知，似乎 R（和 H）在所有的课税形式下是一定的，所以根据课税形式的不同，会产生出 V 的不同。但是，课税机制的差异，税后利益存在利弊时，至少在理论上，根据市场的裁定结果，V 应该被规范在一定的数值范围内。因此，每种课税形式下的税前收益率，也就是 R（和 H）会变得不同。从而在课税时被优待的投资对象的税后收益率会降低，这种称之为"隐形税收"的观点，至少在理论上是很重要的[①]。

如果由于"隐形税收"的效果，使得各种信托类型税前收益率出现差异，关于纳税负担比较轻（重）的信托，信托财产的税前收益率应该是相对比较低（高）的。因此，比如说，对于集合信托计划，如果纳税负担比较轻，税前的收益率即使相对较低，集合信托计划也会被利用；如果法人课税信托的纳税负担很重，相对地会被要求很高的税前收益率。如果不存在如此高的税前收益率的投资对象，法人课税信托就不会被利用。从这个观点来看，何种信托结构在实践中被使用的信息，可用于比较信托课税的负担。

但是，从"隐形税收"的观点来看，即使现实上可以做某种程度的妥协，只凭此尚过于简单。各种信托结构的不同，并非限定于课税的不同。关于信托财产被如何管理运用的问题，既存在委托人和受益人的需求，也有为了回应各种需求而存在的信托结构。并且，信托财产并非独立产生收益，是为了管理、运用这些财产，只有结合了投下的人力资本方才产生收益。一般来说，对于信托财产的管理和运用，投下更多资本的人，会得到更多正确并且详细的信息，也会得到更多的回报。换言之，投下更多资本的受托人得到更多的信托报酬，投下更多资本的受益

---

① 详见 Scholes，Myron，et al.（2014）第 5 章。

人也会得到更多的信托利益（更高的收益率）。同时，拥有更多正确详细信息的人，通常也是可以有效承担风险的人。由此看出，投下更多资本的人理应得到相应的风险溢价。

关于信托课税，即使信托财产的所有权从委托人转移至受托人，享有收益权利的人是受益人，原则上受益人会被课税。但是，为了解决受益人不存在的情况，作为替代课税的法人课税[1]会被派上用场。一般来说，受益人是基于信托行为，享有给付信托利益的权利，为了确保这种权利，对受托人享有要求查阅账簿和要求停止违反信托行为的权利[2]。不只是单纯享受利益，也享有查阅信息的权利。从经济学的角度来看，在不完备的状况下，剩余控制权被视为财产权的本质[3]，能够拥有信息并且可以有效承担风险的人，从经济这层意义上来说拥有财产权。

因而，关于信托财产的报酬和利益问题由谁来分配，在信托机构中，主要根据谁投下了更多的资本（实质上很重要），以及谁拥有更多的信息（实质上更重要）这两点来判断。根据投下的资本，掌握信息的人从经济学意义上来说拥有财产权，这个权利的分配，不一定和法律上的所有权的分配一致。受托人也拥有经济层面的财产权，即使没有信托利益，可以说是以大型信托报酬的形式来享受从信托财产的管理运用中产生的收益。对于信托报酬，课税可能并不是狭义的信托税制的问题，但认为应该在经济上作为整体来讨论。因为受托人得到的信托报酬和受益人得到的信托利益两者的合计是信托财产和投下的资本中产生出来的收益，针对收益探讨课税方法是信托税制中最根本的问题。

再者，关于受益人等的课税信托，适用穿透性征税的，经济财产权归属于受益人的观点也可能成立。但是，实际上，每个受益人课税信托，受托人和受益人的财产权的比例分配是不同的。况且，受益权在多数受益人之间，被进行"质的分配"时，对于财产权的分配和收益的

---

[1] 佐藤（2012b）。
[2] 参见信托协会网站上的说明。
[3] 参见 Hart（1995）第 2 章和第 3 章。

权利分割和课税所得的分割是不同的。这种复杂的状况下，信托结构有可能会失去其功能。另外，受益人对信托资产的控制权减弱或者不能发挥控制权的，受益人不享有财产权，不得不放弃穿透性征税，采用集合信托计划和法人课税信托，虽然粗略但简单的课税会更为适当。

所谓理想的信托税制应该是，从各种各样的信托结构中选出能产生最大的税前收益（信托利益和信托报酬的合计额度）的结构，建立起不会阻碍实务利用的中立的税收制度。本文作为探讨合理信托税制的应有状态的准备工作，如果能起到菲薄之力即是万幸。

本文的撰写，得到了中里实教授（东京大学）、岩崎政明教授（横滨国立大学）、浅妻章如教授（立教大学）、神山弘行副教授（一桥大学）的有益的帮助，在此深表感谢。当然，本文当中可能存在的错误，由笔者承担责任。

第一部分
二、多样信托利用的税制建言[①]

Trust

———————————
　　① 本论文原作者为京都大学大学院法学研究科教授冈村忠生，载于《信托研究奖励金论集》第31号（2011.10），由姜雪莲及中国社会科学院研究生院法学系民商法学硕士黄胜翻译。

1 信托课税的问题

本文旨在从信托多元化利用的观点出发，明确现存信托课税中的问题，对税制应有的基本原则提出建议。

日本新《信托法》［平成 18 年（2006 年）12 月 15 日法律第 108 号］的实施，使自己信托（宣言信托）、目的信托、受益证券发行信托、受益人连续型信托等信托的多元化利用成为可能。为了配合新《信托法》的实施，2007 年《所得税法等的部分修改法律》［平成 19 年（2007 年）3 月 30 日法律第 6 号］对所得税法、法人税法和继承税法进行了修改。此次修改的主旨是对新创设的诸信托类型构建适当的措施，以防止利用信托进行避税。[①]

但是，此次修改，使得在受益人连续型信托和法人课税信托这两个领域中产生了应予解决的问题，即重复课税（双重或多重课税）以及信托财产[②]或所得的归属。

1.1 受益人连续型信托

1.1.1 重复课税

第一个问题是，因为税负，使得受益人连续型信托[③]在实践中无法

---

① 财务省《平成 19 年度税制改正の解説》75 页（http：//www. mof. go. jp/jouhou/syuzei/kaisetsu/index. html 之后引作《平成 19 年度税制改正の解説》）。

② 信托财产一词，在本文中，包含被信托的财产（本金）和之后产生的收益。

③ 该信托是指，《信托法》第 91 条（因受益人死亡约定他人重新取得受益权的信托之特例）规定的信托、同法第 89 条第 1 款（受益人指定权等）规定了存在受益人指定权人的信托以及与此相类似的《继承税法实施令》第 1 条之 8 规定的信托。

利用。[①] 受益人连续型信托基本的课税方法是，在受益人发生更替时，将信托财产的全部作为转移财产，课以继承税赠与税[②]（更替的受益人是自然人的情形）或者所得税法人税（更替的受益者的一方或双方是法人的情形）（《继承税法》第 9 条之 3、《继承税法基本通达》第 9 条之 3 – 1）。此种课税方法，不是针对信托的所得或受益人所享有的利益，而是针对信托财产本身重复课税，因此，会出现受益人连续型信托失去其经济上的意义，或者说，无存在的意义的情形。由此，可以说，受益人连续型信托这一新设的信托类型被税收所束缚。[③]

但是，采用此种课税方法并非全无道理，相反，可以说依据信托课税原则之一，不得不采用这种课税方法。这一原则为，信托所得（费用收益）归属于受益人，并对其课税的原则，即受益人课税原则（《所得税法》第 13 条、《法人税法》第 12 条）。受益人课税原则，自旧信托法时期，就已在所得税法和法人税法中设有规定［平成 19 年（2007年）修改前的《所得税法》第 13 条、《法人税法》第 12 条］。具体而言，是就信托的所得（信托本金所生的孳息与增值），向受益人课税之原则。因此，从这层意义上说，受益人课税原则，也可称为对信托"所得"的课税原则。但是，自 2007 年税法修改之后，由财产所生的所得归属于财产所有者（这也是一直存在于所得课税中的原则），从这一原

---

① 参见社团法人信托协会《平成 20 年度税制改正に关する要望》15 页、《平成 21 年度税制改正に关する要望》1 页。想要表述草案编纂负责人想法的佐佐木浩在《信託の税制について ~ 信託税制の基本の考え方等について ~》信托 239 号 104 页、116 – 117 页（2009 年）中有所论述，"虽然以民法学者为代表提出了很多意见，但并非消除了逃避租税问题，如果有如此这般则可解决该问题的建议，请务必联系我处"。

② 下文均指根据《继承税法》所课之继承税或赠与税。

③ 对拟制信托财产的全部转移这种课税方法的分析和批判，冈村忠生教授在「不完全移転と课税（序説）」法学论丛 164 卷 1 – 6 号 147 页（2009）论文中展示了作为对日本和美国信托课税相关问题的研究成果在实体法中的应用。具体的研究成果：（1）本金全部转移型课税［仅从信托财产（本金）本身着眼，来决定有无财产的全部转移，进而决定课税意义上的全部信托财产所有者，是享有一个抑或是多个同一权利内容的课税方法］。（2）财产利益转移型课税（不仅将信托财产作为课税基础，同时反映出权利内容多层化的事实，根据不同的关系者对于本金享有的利益具有本质上的差异，使信托财产归属于不同关系人的课税方法）。（3）受益权对象型课税（非以信托本金，而是以信托受益权为课税对象的课税方法）。

则出发，信托财产的所有者也被视为受益人（与之对应的，增加了将受益权的取得或转移视为转移信托财产之规定，即《所得税法》第 67 条之 3）。由此，可以推测，正是因为将现有的对自然人和法人所得课税的思路套用于信托，才产生了上述问题。

1.1.2　信托财产的归属

受益人连续型信托课税的问题，不仅仅是因重复课税而导致的税负沉重，更重要的是课税的公平性，即税负由谁来实际承担的问题。以下，以收益受益人 A、B，本金受益人 C 的顺序更替受益人的受益人连续型信托为例。受益人更替产生的继承税赠与税使得信托财产减少，即如税由信托财产来支付，税负则会集中于最后的本金受益人，由本金受益人承担；反之，如税负由收益受益人承担，则可能会出现仅凭信托收益无法完全负担税负的情况。

上述情形又会衍生出另外一个问题，即负担其他纳税义务人应付之税，会产生新的税负。例如，课以未成年人之所得税，往往由父母代为缴纳。通常，父母替未成年人缴纳的税负被视作对未成年人的赠与。那么，在受益人连续型信托中，若更替收益受益人的相关税负由信托本金来支付，是否视为本金受益人对收益受益人的赠与。现实情况中，由受托人以信托本金缴税，但该行为应如何界定（受托人是否出现在课税关系中）；相反，如果收益受益人以自己的个人固有财产缴纳受益人更替相关税负时，可否视为收益受益人对本金受益人的赠与，这些疑问都尚无明确回答。

上述讨论呈现出来的是课税对象之人的归属这一概念的意义。以继承或赠与方式取得财产的，财产的取得这一事实（继承赠与税的课税对象）归属于谁，当然就应对谁课税。但是，在受益人连续型信托中，事实上（信托行为创设出的法律状态）并非是收益受益人取得信托本金。收益受益人仅在涉及继承税、赠与税时，根据"视为未附有该限制"（《继承税法》第 9 条之 3 第 1 款）的规定，被拟制为取得了全部的信托本金而已。这种课税方法是否妥当，嗣后详论。

1.2　法人课税信托

1.2.1　对信托收益的双重课税

第二个问题是，新《信托法》规定的对信托的法人课税。法人课税信托是指：1. 受益证券发行信托中，除特定受益证券发行信托之外的其他信托；2. 无受益人之信托（目的信托）；3. 满足以下条件的法人作为委托人的信托：（1）法人的重要业务被信托，且股东预计可取得超过 50% 的受益权；（2）存续期间超过 20 年的宣言信托；（3）以法人的特殊关系人作为受益人，且该特殊关系人的收益比例是可变更的宣言信托。

对法人课税信托所课的法人税，并非将信托本身视作法人，[1] 而是将受托人（包括个人）作为纳税义务人、将信托视为与受托人不同的主体，[2] 适用《法人税法》的规定（《法人税法》第 4 条、第 4 条之 6）。对所得税的源泉征收（预缴）亦同（《所得税法》第 5 条）。信托收益的分配，被视为以收益为计算基础的盈余金的红利（分配）（《法人税法》第 4 条之 7 第 10 款）。因此，法人课税信托的信托收益，经历了信托阶段的课税和受益人阶段的课税（即双重课税）。

确实，若是与股份有限公司等法人所从事的经营活动要受到法人和股东的双重课税（两阶段课税）相比，限于当信托被用来从事与公司

---

[1]　理由是，假设将信托视为法人，私法上认为信托财产归属于受托人，因此，需要有一个可以滞纳处分等用以调整的框架，但不具有现实性（《平成 19 年度税制改正の解说》第 314 页）。这一点，与对无法人资格的经营主体课以法人课税的问题相同，将来很可能需要一定的解决措施。

[2]　此时，各法人课税信托的信托资产等以及固有资产等，分别归属于不同的主体（《法人税法》第 4 条之 66）。即，如区分此信托与彼信托，则是计算信托的数量。但是，信托行为被实施了数次，受托人、委托人和受益人是相同的情形，或相同内容的信托行为，仅是受托人不同的情形，则会产生问题。

同样的经营活动时，对其信托阶段和受益人阶段均进行课税，可以说是公平和妥当的。但是，这种说法成立的前提是，这种信托的实际情况能等同于双重课税的法人经营活动，换言之，其必须具有与法人经营活动相同的负税能力。若非如此，此类信托就会因无法承受双重课税而无法被使用。例如，对非经营性财产管理型信托进行双重课税，[①] 与经营性信托课以相同的税负，则会被认为有失妥当，阻碍信托的发展。[②]

法案负责人对制度创设的宗旨进行了如下说明："将信托财产视为受益人所有并对受益人课税或分配收益时对受益人进行课税存在不妥之处，针对此种信托，较为妥当的课税方式是在信托的受托人阶段基于信托财产之所得进行课税"。[③] 但是，这种解释，限于有些信托不适合受益人课税原则这种消极的理由。但即使有些信托不适合受益人课税原则，为什么要采用法人课税（非个人所得税或第三种课税方式），并未积极地回答该问题。法人税课税的依据并未给出比如以信托形式运行的经营活动与以公司形式运行的经营活动实际情况相同这样的理由。

由此推论，对于法人课税信托，用既存的对法人课税的方式套用于某些信托时，仍有重新审视的必要。这与将受益人课税的原则套用于受益人连续型信托存在共同的问题。

这类问题应参考对不存在受益人的法人课税信托的课税。在 2007 年税制修改之前，对受益人不特定或是不存在受益人的信托，将收益视作委托人所有进行课税。其中囊括了不可撤回，并且信托产生的利益、损失将全部分配给受益人，在受益人不存在或不特定期间，为了将来实现对受益人的分配，保留信托的全部收益等，委托人已不享有任何利益

---

① 对于属于特定目的信托和特定投资信托的导管型信托，通过将分配收益计入损金的方式，从而防止了双重征税（《租税特别措置法》第 68 条之 3 第 1 项，第 68 条之 4 第 1 项）。
② 基于此点观点，美国制度设计中，是将从事与法人相同的营业行为的信托（商事信托）视作法人，非作为信托对待。
③ 《平成 19 年度税制改正の解说》第 79 页。

与权限的信托。批判性观点指出此课税方法无理论根据，主张将信托财产作为纳税义务的主体（以信托的保留利益作为单独课税对象）。[①] 但是，该主张明确了在税制修改之前信托收益课税的"最基本的政策决定"是消除对信托收益的双重课税，[②] 同时推崇的是以分配降低课税基础的美国型信托课税。[③] 亦即，消除双重课税是当然的要求。

在 2007 年修改的对不存在受益人等的法人课税信托的课税，可以说是沿袭了上述的观点。修改的思路是，"对不存在受益人等的信托的受托法人的课税，是由受托法人代替受益人对如果在信托设定时受益人已经明确的情况下应课税的所得（信托设定时的受赠利益以及信托存续期间的所得）课税"，[④] 对于不存在受益人期间所产生的信托收益，课之以法人税，即使之后受益人确定并接受利益分配，非课税仅对成为受益人之后产生之收益，作为受益人等课税信托的课税依旧要缴纳。此种课税方法，以不征收个人所得税的形式，排除了双重课税。却忽视了受益人的个人情况（累进课税，个人负税额）。

但是，在信托设立时不存在，之后成为受益人、且新受益人为委托人的亲属的（《继承税法》第 9 条之 4 第 1 款），在成为受益人时，与该信托相关的权利被视为是从自然人处以赠与的方式取得（《继承税法》第 9 条之 5）[⑤]。因此，在受益人不存在期间，被课以法人税之信托收益，将再次被课以赠与税。对于本金部分，下文详述。

---

① 金子宏《租税法》（第 11 版）（弘文堂、2006 年）第 149 页、佐藤英明《信托と課税》（弘文堂、2007）第 154 页之后。

② 佐藤英明《信托と課税》（弘文堂、2007）第 148 页之后。

③ 在美国，原则上信托跟个人实行同样的所得计算方式（《国内税收法典》第 641 条 b），即累进税制（同第 1 条 e）。

④ 而且，平成 22 年（2010 年）税制修改之前的清算所得课税也不再施行（修改前《法人税法》第 92 条）。

⑤ 该法是针对利用无受益人法人课税信托规避税负所采取的应对规定。参见注释 24 及文中与此相关内容。

1.2.2 对信托行为的课税

以下，对法人课税信托，从对信托行为之角度来考察。因此，从确认基本课税方法之角度，确认对非法人课税信托（受益人等课税信托）之信托行为的课税。在受益人课税信托中，受益人被视为拥有信托财产而被课税。因此，委托人为受益人设立信托的行为，视为委托人向受益人转让信托财产（本金），这点前文已经确认。在此情况下，会出现下文所述的双重课税。

在委托人和受益人二者皆为自然人的情况下，受益人在未支付适当的对价即取得受益权时，视为委托人对受益人之赠与或遗赠，对受益人课以继承税（《继承税法》第9条之2第1款）。在计算所得税时，由于是个人之间财产的无偿转让，因此并不对信托财产的账外损益部分课税，而是承继信托财产的取得费用（《所得税法》第60条第1款第2项）。①委托人不能以设立信托转移了财产为由，在计算所得税时扣除取得费用或市价。②向信托转移的财产被视为赠与的，作为继承税的课税对象，财产金额就相应减少〔但是，有可能适用《继承税法》第19条（继承开始前3年内的赠与）的规定〕。

委托人为自然人、受益人为法人的，对委托人进行拟制转让课税（《所得税法》第59条第1款第2项）、委托人不能将所转让的信托财产从所得税的计算中扣除。与被视为赠与时会减少继承财产相同。受益人应将信托本金或受益权的市价计入收益内。因此，就委托人保有期间信托财产的增值部分，对委托人进行拟制转让课税，对受益人进行受赠利益课税，由此形成了双重课税的情形。

委托人为法人，受益人为自然人的，对于委托人而言，信托财产的

---

①　因委托人死亡产生的信托行为，并且是限定继承的情形，需要对拟制转让课税进行探讨（《所得税法》第59条第1项）。

②　对于作为特定公益信托的信托财产而支出的金额，很可能会作为捐赠金而被扣除（《所得税法》第78条第1、3项），此种情况本文不予考虑。

增值作为课税对象，市价则作为捐赠金。需要注意的是，此时，向信托转移的财产在损金计入额度内视为亏损。作为从法人处接受的赠予，受益人需要负担受益权的价额所对应的所得税。因此，对信托财产在委托人保有期间的增值部分，在捐赠金损金计入范围之外，形成了对委托人的捐赠金课税和对受托人的所得课税这种双重课税情形。

在委托人和受益人都是法人的情况下，对委托人进行捐赠金课税、对受益人进行受赠益课税。因此，此种情况下同样也会形成双重课税。

若是支付了适当的对价，不管何种情形，均视作委托人向受益人出售信托财产，账外损益也应作为课税对象。

根据以上分析，法人课税信托中（不存在受益人的法人课税信托除外）设立信托的行为被视为对受托人的出资（《所得税法》第6条之3第6款，《法人税法》第4条之7第9款）。此时，只要不属于法律规定的适格现物出资的情形，所转移财产的账外损益则成为课税对象。由此，受托人（接受出资的法人课税信托）因资本交易而免受课税。但是，受益权被视为无偿地从委托人转移至受益人，[1] 对委托人进行捐赠金课税、对受益人进行受赠益课税。即采取的是出资＋受益权赠与的构成理论。信托财产在委托人保有期间的增值部分，在捐赠金损金计入范围之外，形成了对委托人和受托人的双重课税。在非法人课税信托变为法人课税信托（无受益人的法人课税信托除外）时，虽然同样有出资行为（《所得税法》第6条之3第6款，《法人税法》第4条之7第9款），但一般认为履行出资义务的主体为受益人。[2]

对于不存在受益人的法人课税信托，则不属于出资＋受益权赠与的结构模式，而是作为委托人对受托人所为之信托财产的赠与，进行课税（《所得税法》第6条之3第7款）。因此，对受托人（即使是自然人，

---

① 《平成19年度税制改正の解説》第319页。
② 再者，集合信托计划符合法人课税信托的，视为账面移转。除此之外，均为市价转移。对于特定受益权发行信托符合法人课税信托的情况，参见《法人税法》第64条之3第1款。

也被称作受托法人。《法人税法》第4条之7主文括号书）就受赠利益部分课以法人税。如委托人为自然人，进行拟制转让课税；为法人的，进行捐赠金课税。虽然赠与的法律构成与受益人课税信托的情形相似，但是，即使预先设定会出现自然人受益人，在进行拟制转让课税这一点上，两者有所不同。受益人课税信托因失去受益人而成为法人课税信托时，亦同（《所得税法》第6条之3第7项)[①]。与此相对，不存在受益人的法人课税信托因受益人的出现变为受益人等课税信托时，以承继账面价格进行处理（《法人税法》第64条之3第2款)。[②] 对成为受益人之人不征收继承税和赠与税。此处也表明了，对不存在受益人信托进行法人课税，是对之后出现的受益人的替代性课税。[③]

适用为解决规避继承税而引入的特别规定，[④] 同时也防止了对信托本金转移的双重课税。即，依照该特别规定，在不存在受益人信托生效时点之将来成为受益人之人被认定为委托人亲属的情况下，在对受托人课以法人税等之上，再课以继承税、赠与税（《继承税法》第9条之4第1款）。继承税、赠与税，在信托生效之时，视为对受托人（在受托人为法人时视同自然人）以赠与或遗赠取得了相关信托权利，进行课税。当存在受益人的信托变为不存在受益人信托时，有些情形，同样处之（《继承税法》第9条之4第2款）。对受托人征收的继承税赠与税，

---

① 但是，从对不存在受益人的信托的法人课税是代替之后出现的受益人接受课税的观点出发，认为不应该对市价移转进行课税。即使与下文所述的不存在受益人的法人课税信托出现受益人、并成受益人等课税信托时，相比以承继账面价格进行课税的处理方法，也应得出该结论。另外，由谁赠与并不明确。因为有时可能不存在委托人，同除此之外的法人课税信托一样，应该考虑最终的受益人。

② 平成22年（2010年）修改前的清算所得课税也不再施行。（修改前《法人税法》第92条）

③ 《平成19年度税制改正の解説》第322页，关于不存在受益人的法人课税信托这样论述到，"当受益人出现时，就已经在受托法人阶段课税资产的受赠利益，再次对受益人等课税，以及之后就资本收益（capital gain），将因受益人等的出现发生的资产归属的变更视为转让，进而对其进行课税，都有失妥当"。

④ 使用这种架构来规避继承税等的做法是，例如，继承人A通过设立了半年后受益权生效的附停止条件的信托，达到了规避继承税（最高税率50%）的效果，只需缴纳法人税（实效税率40%）。参见《平成19年度税制改正の解説》第479页。

是在对受托人征收了相应的受赠利益法人税的基础之上进行的课税。但是，可从继承赠与税的金额中，扣除对受赠益征收的法人税相同的税额（《继承税法》第9条之4第4款），从而防止双重课税。其结论是受托人代替将要出现的受益人负担继承税、赠与税。这与排除对信托收益的双重课税不同，这样设计是因为对自然人所课之继承税、赠与税优先于法人课税。

1.2.3 信托所得之归属

上文受益人连续信托中指出的关于信托所得归属的问题，在法人课税信托中也同样存在。下面讨论对信托课以法人税，对信托关系人，特别是受益人，会产生何种影响。

溯及本源，法人税原本是以公司这种作为独立法律主体的法人为对象的税种。公司作为一个法律主体成为纳税义务人，独立承担税负。只要不使股东等产生第二次纳税义务，纳税责任也仅由法人承担。在法人本身负担税负这种法律拟制下，不管税负的实际承担者是哪个股东，或是股东以外的其他人，比如被雇用者或债权人，不再会在课税层面上存在问题。[1] 例如，美国财政部就采用将法人税的7成转嫁给被雇用者的模式，进行法人税改革的模拟实验。[2]

然而，信托并非法律主体。虽然信托本身需要进行会计核算（《信托法》第13条），并且可以计算出所得（损益），但是，即使根据某些税法规则能计算出应缴税额，作为法律上纳税义务人的只能是信托关系人。例如，在法人课税信托中，纳税义务人是受托人（《所得税法》第6条之2，《法人税法》第4条第4款、第4条之6、第4条之7）。因

---

[1] 但是，（至少是税负之外的）经济利益或负担在股东之间转移时，即成为赠与税等的课税对象。例如，未支付对价的家族企业的债务承担、股票或出资增值时，对于增值的金额，视作从债务承认方获得的赠与，课以赠与税。《继承税基本通达9－2（3）》.

[2] U. S. Treasury Department. *Approaches to Improve the Competitiveness of the U. S. Business Tax System for the 21st Century* (2007), *available at* http：//www. treas. gov/press/releases/hp749. htm.

此，受托人所负担的信托相关租税的处理才是问题之所在。当然，受托人可以信托财产支付信托租税，或者之后求偿等。若是受托人采用此种方式，那么，对信托阶段的课税，即因信托收益或本金的减少，从而转由受益人负担（但税负转嫁之后，可能还是由受托人和委托人实际承担）。此种受益人税负负担方式，被认为是法人课税信托中税负承担的基本形式。

在上述情形下，若是存在多个受益人，且受益权的内容完全不同，则会出现以下问题：对于不同的受益人应如何分配其所应负担的税负。例如，上述第三种法人课税信托（特殊关系人的收益分配比例为可变更）可以只向负担法人税之特定受益人进行实质性的转嫁（分配给该受益人的收益会扣除相应的税负）。或者，也可以同受益人连续性信托一样，由一定时期内的最后一位受益人承担全部的税负。

无论何种情形，法人课税信托的信托关系人，因无法使用信托自身承担税负之法人税课税的拟制，所课法人税的实际负担者自然成为问题的焦点。对于此问题，分为以下两个层面：

第一，在信托关系人之间，受益人之间采用何种方式决定税负分配。该决定方法不是作为税法问题，而是被作为私法（信托内容）上的问题来解决（若是在信托设定时尚未决定，则由受托人来确定），但是受托人也有可能无法确定分配的方式，因此，有可以参照的默认规则为宜。

第二，因法人税的负担方式而产生的第二次课税问题。例如，设想公司代替董事交税就可以明白（若由公司缴纳董事等人的税金，该税额被视为对董事支付的工资，故对董事而言又产生了新的税负），受益人本应负担之税被转移至其他受益人或受托人身上，由此产生了新的税负，即第二次税负。在受益人为亲属时，通过这种形式的移转所形成的经济利益的赠与以及对其课税是不难理解的。但是，原本应由谁承担税负这一问题依旧存在。虽然在信托行为中，可自由决定税负承担方，但是是否被税务部门所认可，则是另外的问题。然而税法对于原本应该由谁来承担税负这一问题，也规定得模糊不清。

关于法人课税信托，虽然可以简单地认为由法人自身承担税负，但是，即便如此，仅向某一受益人转嫁税负的情形，也应认定为受益人间的赠与。

1. 3　信托课税的两极化

如上所述，日本的信托税制是按照受益人课税和法人课税的两个不同性质的课税方法来划分信托。不管是哪种课税方法，均存在税负的重复问题，以及信托财产或所得归属的问题，沉重的税负加上归属的不明确妨碍了信托的利用。这两种课税方法虽然在 2007 年税制修改之前就存在，[①] 修改之后更加强化了这两种方法，也导致了信托课税的两极化。这一点与信托法修改的目的相背离，也可以说阻碍了信托的多元化利用。

产生这一问题的根本原因在于，不管是受益人课税还是法人课税，均是"借用"所得税或法人税这种既存的税制。但是，从信托的实际情况以及信托财产的法律关系来看，受益人既不支配信托财产和信托所得，也无此项权利，因此在课税上，无论是受益人取得全部的本金这一拟制，还是对实际上未受益之信托所得课税，都是不合理的。同时，原则上，信托债务（在非限定责任信托的情况下），也可以追及受托人的固有财产，从这一点来看，将信托财产视为有独立权利义务的主体也有些勉强。

为实现信托的多元化利用，反映信托的特性、有必要构建将信托作为信托进行课税的制度。下文中，将从信托所得以及信托财产的真正归属出发来探讨信托课税的两极化问题，之后，提出可实现多元化信托利用的课税模式。

---

① 在税制修改之前，受益人课税原则业已存在，该原则由 2000 年对投资信托等的法人课税所引入（2007 年修改前《法人税法》第 7 条之 2，第 82 条之 2 之后）。

2　归属

信托课税（信托税制）问题，可归结到如何看待信托财产及其所得的"归属"这一点上。[①]　"归属"作为课税要件之一，起着连接纳税义务人和课税对象的作用。但是，将"归属"作为一个课税要件之原因何在?[②]

2.1　概括性所得概念与归属

假设存在基于概括性所得概念所构建的理想的所得课税世界。在该世界中，纯资产的增加和消费的总和都能按照公正的市场价格确定，并成为课税的对象。通过继承或赠与取得的财产，也成为这种课税所得的对象。首先，成为课税对象的人需特定，根据该人的实际所得进行课税。即根据该人保有的资产价值的实际增减，以及进行了多少消费来决定课税基础。

在这种课税中，所得以及资产的归属，没有成为课税要件之必要。像就所得向何人课税这种归属的问题，只不过是谁获得收益这种事实问题而已。因为所得是一个以人的存在为前提的概念，离开人、先于人，则无法识别所得这种课税客体的存在。作为理想的所得课税，归属这种

---

① 信托税制的难处在于，可归结为一点，即信托财产（或者构成信托财产的资产）所产生的纯资产的增加，何时归属于何人。参见渊圭吾《アメリカ信託税制の諸問題》信托 239 号 27 页、28 页（2009 年）。

② 可能与本文的切入角度不同，参见谷口势津夫《税法基本講義》（弘文堂 2010 年）第 212 页之后部分。

课税要件并无独立的意义。所谓归属，是指某纳税者获得所得这一事实本身。虽然归属是探索所得归属于谁这一问题的概念，在理想的所得课税中，这一问题的设立方式就是个错误。在确定纳税者之前，不可能计算出所得的数额。

像这样，如果能将所得作为附属于人的事实来看，那么就必然能轻易解决信托课税或者更广泛地解决公司和合伙等以经营、投资为目的的组织（被称为"经营主体"）、非营利性组织或类似于家族的人际关系（多个人建立的持续性关系的组织且能计算资产负债和损益）的征税问题。如果可以对这种组织的权利或利益（interest）关系用公正的市场价值来评估的话，那么把价值的变化计入征税基础即可。

深究下去，在基于概括性所得概念的课税中，对于某个人，不需要区分是持续性关系的组织抑或是非持续性关系组织（比如一次性买卖合同的相对方），因为同对方的关系用市价进行评估即可。换言之，在征税上没有必要区分经营主体和无法人人格的社团、财团等所谓的独立实体与不属于上述情形的实体。在日本，作为法人课税争论出发点的经营主体和团体以及课税单位的讨论，无法提供概括性所得概念的基础。

2.2　归属的作用和界限

尽管如此，为何所得的归属会成为问题的焦点。归根结底起到了怎样的作用？

信托等实体与其组成人员之间的权利关系的多样性，使得计算组成成员的所得变得困难或是不可能。权利关系的多样化表现如下：在实体为公司时，种类股、利益连动式公司债券和股票期权；在实体为合伙时，非按份的损益分配；在实体为信托时，信托受益权的多层化、撤回权和受益人变更权等。另外，夫妻以及亲属间的所得和财产的转移，家务和照顾等的无偿提供的服务，也使得精确计算家庭成员的所得变得困难。

人与实体之间关系的多样性与人与资产之间关系的多样性息息相关。例如，租赁物的价值发生变动时，究竟由承租人和出租人哪一方承担损益，在概括性所得概念下可能会成为问题。而且，像通过广告形成的品牌等无形资产和通过教育形成的人力资本，资产本身有着广泛的多样性，对纳税人所得的影响错综复杂。这种多样性，使得依据公正的市场价值来估价变得困难，在某些场合下甚至是不可能的。[①]

之所以会用归属这一法律概念，是因为它可使实体与组成人员之间权利关系的多样性，以及由人与资产之间关系的复杂性所造成的所得测定的困难和不可能，以一种方便的计算标准变得简单化、更容易解决。例如，使公司的利益归属于公司，使合伙的损益归属于合伙人等，与事实所得的归属（在股息或者利益分配中加入股份或所持份额的价格变动）有所不同。尽管如此，设定某种变通的计算标准是不可避免的，这种所得的归属，一直以来作为对公司或合伙的课税方法被普遍认可。[②]从这一意义上讲，归属并非一种事实，而是一种法律拟制。即关系到课税时，所得归属于何人，由法律规定，与事实相分离（某种程度上）。而且，也正是由于有这种法律规定，才使得归属可以成为课税的要件之一。

然而，关于归属的规定，只是为了方便而将事实简单化，不可能与事实完全脱节。例如，不可能使某人的所得归属于与其毫无关系的第三人。[③]最高法院的判决认为，冒充他人对土地进行登记，嗣后进行的土

① 但是，美国提出议案，以股东阶段的股票市价评价课税来代替法人税。Joseph Bankman, A Market – Value Based Corporate Income Tax, 68 Tax Notes 1347（1995）；Joseph M. Dodge, A Combined Mark – to – Market and Pass – Through Corporate – Shareholder Integration Proposal, 50 Tax L. Rev. 256（1994 – 95）. 冈村忠生在《法人課税の意味》冈村忠生编《新しい法人税法》（有斐閣 2007）第 1 页和第 28 页对此问题进行了研究。

② Edward J. McCaffery, Cognitive Theory and Tax, 41 UCLA L. Rev. 1861. 1883 – 86（1994），法人税的归属不明确，反而支撑着法人税的存在。

③ 关于实体课税的典型——法人税，增井良启在《法人税の課税ベース》金子广编《租税法の基本問題》有斐閣 2007）第 476 页和第 476 ~ 479 页论述到，《法人税法》第 22 条的条文构造论证了法人税的课税基础是由"从股东角度的利益回收"构成。由此可见，所得的源泉归根结底应聚焦于股东（实体的构成人员）。

地转让，在课税上使所得归属于被冒用者的课税处分，当然无效。[①] 在这一判决中，可以说最高法院明示了归属是以所得的产生这一事实为基础的概念。课税，尤其是所得课税，应该根据能够反映课税对象的纳税义务人的经济实力（富裕程度、负税能力）来计算出所应承担之税负。

在立法政策上需要考量的问题是，形成何种关系时，才可以规定这种便宜的归属。这一点对于信托课税关系来说尤为重要。例如，对于共同维持生计的家族协同经营的事业，设有事业主（《所得税法》第 12 条，《所得税法基本通达》第 12－2 得税法基本通条）亲属从事事业中所获的对价不计入必要经费（《所得税法》第 56 条）的规定，这是基于对存在共同维持生计的亲属关系的考量才作此规定。其中，作为抚养和赠与，加之日常性的提供资产的无偿转让以及劳务，事业主的税负在维持家庭生计中实质上转移至其他的家庭成员，恐怕也是重要的因素。

法人课税，即将法人作为纳税义务人、计算其"所得"并将"所得"归属为其所有，也可以同样加以考虑。按照概括性所得概念，一般情况下，如果法人获得收益的话，其组成成员也会有所得，但是，在法人有保留利益和未实现利益时，这些利益在各种类型的股份之间如何分配是很棘手的问题。而且，法人的组成成员，亦即所得受法人损益影响的成员，事实上是否仅限于股东，也是一个难题。使所得归属于法人，是一种将上述困难舍弃的方法，或者说，至少从表面上看是这样。但是，作为法律规定的归属，仅是考虑到课税上的方便，不可能完全脱离事实上所得的获得者。

课税应该反映出纳税义务人的经济情况，这在信托税制中，作为一项制约尤为重要。有学者认为，信托是一种创造出不归任何人所有的财产的手段。信托财产通过信托行为所生之所得（收益和本金的增值），

---

① 最判昭和 48 年 4 月 2 日民集 27 卷 3 号 629 页。判决如下：甲将其所有的土地，可以随意处分土地的情形下，将土地登记于乙的名下，又以该人的名义（译者注：乙）转让给丙，嗣后如果没有乙明示或默示地承认等特殊情形，认为乙享有转让所得对其课以所得税的处分，当然无效。

在其产生时，谁也无法取得，若是于将来也无法确定谁可以取得，那么对信托关系人（委托人、受托人、受益人）课税就不是恰当的。更何况，受益人连续型信托中，对于仅对收益有受益权、一开始就确定无法取得本金的中间受益人而言，将其视作取得信托的全部本金进行课税这一法律拟制，与事实上所得的归属（不管是信托财产的法律上的所有或事实上的支配）明显背离，能否以课税上的方便将其正当化，尚存疑问。[1]

2.3 信托课税与受益人课税

若是这样对信托关系人进行课税存在难点的话，则应另寻它径来解决。将信托本身作为课税的对象是一种可能的选择，换言之，用信托作为计算纳税义务的单位。此时，①在充分考虑第 1.2.3 节中讨论的税负转嫁与归结问题的同时，②还要防止出现在 1.2.1 节中所述的被认为不公平的情况下的双重课税，在此之上构建不妨碍活用信托的制度。

以信托为对象的课税中，关于①因信托是给予受益人利益的一项制度，因此由受益人负担信托相关税负是适当的。当然，会出现事实上转嫁税负的情况。可以预想到会出现，例如受信托课税的影响而使得受托人的报酬减少，或者委托人因税负使信托的财产增多。但是，这种情况，与消费税是否真的转嫁给消费者的问题一样，在课税上没有必要将其作为特别问题处理。对此，将税负集中到最终的受益人身上这点不是很妥当。

关于②避免出现双重课税现象的课税方法是十分必要的。这也是因为，信托是赋予受益人利益的一项制度，应该放到对受益人课税的关系

---

[1] 谷口势津夫《税法基本讲义》（弘文堂、2010 年）和第 81 页，对于所得的归属，主张从保障财产权的观点出发赋予其宪法上的地位。

中来思考课税方法。[①]

话虽如此，关于对信托的课税，涉及是否必须对信托所得本身课税以及是否可行这些问题。信托本身，（原本意义上）不能把所得观念化，并且在分配之前，实际上谁也无法拥有信托财产和信托所得（谁也无法主张与使用收益处分相关的完全的法律权利）。若是将所得以外之物作为课税对象，应当与该内容相对应，并且充分考虑与受益人课税的协调性。

---

① 增井良启在《証券投資ファンド税制の比較》日税研论集 41 号 171 页（1999）中，关于证券投资基金这样论述到，以"投资信托的收益在分配之前不归属于任何人"（181 页）为前提，"相较于采用以投资基金本身为法人税课税对象的方式来排除重复课税，美国的损金计入的做法更容易被接受"。

3　信托阶段课税与新的课税基础

3.1　基本方针

在此，本文将重新审视以往对信托课税的探讨，即将信托产生的所得归属于谁，并对其课税。所得课税与继承税、赠与税是对人的课税，是以个人的富裕程度和负税能力为基础的租税。这些税种以纳税义务人取得的某些利益作为衡量承担负税能力的指标。[①] 因此，应该认识到，在这些租税中，在分配之前，信托财产和信托收益不归属于任何人。这与在信托中，将信托本身作为课税对象是相联系的。信托制度的利用和发展不会妨碍租税的征收，换句话说，信托制度与其他有替代可能性的制度相比无不利之处，从这一观点出发，应追求一种与负税能力相适应的中立性的课税制度。此时，寻找合适（可能是关系最近的人）的关系人，将不知归属于何人之信托财产与收益"归属"与该人，这种课税上的设想，需要从本质上重新审视。所得和财产的归属应该与信托法相对应。

这一点，从被课税方"比较容易理解"的观点，也应该得到支持。不管是所得税还是继承税、赠与税，在日本，都是因为获得了某种利益因而被课税，以此为基本原则。信托也一样，只有在纳税义务人获得确

---

① 继承赠与税具有资产课税的属性。但在《所得税法》上，最高法院的判决（2010 年 7 月 6 日，未刊登）认为："通过继承和赠与取得的财产为非课税（《所得税法》第 9 条第 1 款第 16 项），对人寿保险年金课以所得税和赠与税而形成双重课税。"由此可以看出，日本的继承赠与税可以理解为是对收益的课税。

定的、具体的权利时，才可对其进行课税。同时，也需要防止原本不负担的费用被"归属"，获得税负的扣除。因为自己确实已经获得了利益所以才必须纳税的税制，对纳税义务人来说也比较容易理解并能提高守法意识。

3.2 课税递延

接下来有必要讨论，当在信托领域贯彻这种课税原则时，即不再勉强地将信托财产和信托收益归属于受益人时，应如何修改现行的制度，将会产生何种问题。因为在信托财产确定地转移至受益人之前，无法对信托进行课税，所以问题就表现为课税（与使"归属"的情形相比）的延迟（课税递延）。

3.2.1 课税递延之一（自益信托）

课税递延的问题已在对但书信托的课税中指出。[①] 但书信托中，在信托期间内，无任何的课税。在 2007 年税制修改之前，但书信托多存

---

① 在退休年金等公积金中（《法人税法》第 84 条），特别是使用信托时，也会产生同样的问题。虽然对于退休年金等公积金有法人税的特别规定（但是目前已被废除，《租税特别措施法》第 68 条之 4），但这一法人税因企业在支付公积金之时，不对被雇用者课税，具有对课税递延课以利息课税的性质（增井良啓《退職年金等積立金の課税》日税研论集 37 号第 201、202 页），对退休年金等公积金的运用本身属于非课税（使用信托时《法人税法》第 13 条第 3 款。生命保险，因计算支付红利损金（《法人税法》第 60 条），所以严格来说并非属于对运用所获利益的非课税情形）。可能是考虑到退休年金公积金具有公共社会保障性质，所以视运用所获利益为非课税，但"非课税的积累"（增井前揭 228 页）中包含的因运用所得的利益部分，可以对该利益课以特别法人税（增井前揭 235 页注 31）。

虽然可能与立法者的立法意图无关，但是在结果上运用收益却成为课税的对象，这点可从以下方面得到证实。对退休年金等公积金的课税递延，是将企业支付的保险和年金的金额作为工资、对被雇用者课税的课税递延。但是，从业人员一旦受领了相当于年金支出的金额，就可以获得工资所得扣除。确实，在制度创设之初，受领年金时可以对准工资所得进行工资所得扣除（现在是从其他所得中扣除公共年金），而这种扣除被递延。不管立法者的意图如何，特别法人税是对以超过被雇用者课税递延利益的部分为课税对象。如果需要吸收某种利益，笔者认为只能是运用年金基金所得的利益。

如果上述结论成立，特别法人税制度可作为本文讨论的有关信托课税递延的候补措施。

在于作为集合信托的证券投资信托中。修改之后，《法人税法》第 12 条第 1 款但书或《所得税法》第 13 条第 1 款但书规定的信托，在无法成为法人课税信托时（《法人税法》第 2 条 29 项之 2 正文括号书）予以同样的处理（《法人税法》第 12 条第 3 款），集合信托（《法人税法》第 2 条第 29 项第 1 目）以及特定受益证券发行信托（同项第 3 目）也是如此。这些被认为是实质上的自益信托［委托人（投资者）与受益人为同一人的信托］。[①]

在自益信托中，投入信托的金钱金额为 A，税前年收益率为 r，假设需要课以税率为 t 的税，那么一年后，本金加上利息为 $A\{1+r(1-t)\}$。获得的本息再经过一年，若是同样的信托，两年后本息和为 $A\{1+r(1-t)\}^2$。如果经过 y 年的话，本息和为 $A\{1+r(1-t)\}^y$。据此，如果一开始即设定 y 年的信托期限，若其间无课税，即仅在最后接受一次课税的话，则最终可得的本息和为 $A\{t+(1+r)^y(1-t)\}$。例如，设 A 为 1,000，y 为 10 年，r 为 10%，t 为 20%，则每年都课税的情况下，税额共计 2,159，若是仅于最后接受一次课税，税额为 2,275。在书信托中，信托递延减轻了税负。在自益信托中，为了防止这种税负减轻的情况，对增值部分应按年度进行课税。

在自益信托中，最终是委托人或受益人（投资人）自己取得收益，鉴于多数情况下，也会存在中途解约（脱离信托关系）的可能，所以之前所述的信托的特点（谁也不拥有对信托本金或收益的确定性权利）无须加以考虑。即使直接对受益人进行导管型（pass through）课税，在信托机构中，也被认为是合理的。或者更进一步说，应该考虑到受益人的具体情况（当受益人为个人时，则应实行累进税率和所得扣除；当受益人为法人时，则应计入损金等）。

但是，在信托阶段根据比例税率实行的课税，从与当前的利息和分

---

① 严格来说，比如证券投资信托的委托人是投资信托委托业者、受益人是投资人，但是，从投资人的角度，会将销售者（证券公司、银行）、投资信托委托业者以及信托银行和信托公司，视为一个整体，因此将投资人视为委托人为宜。

配的特殊措施保持平衡之角度，被正当化。另外，因在投资信托中会出现损失，若是中途发生损失，则应考虑对受益人扣除或者在信托阶段进行转入、转出处理。

对自益信托，若不以导管理论进行综合性征税时，会出现以下问题：如何确定信托的本金，特别是出现中途赎回或转让受益权的情况时，如何区分本金部分和收益部分（受益权的取得价格）。这个问题与在法人税中，如何区分利益的分配和资本的回赎，或者说，领取的年金，哪一部分界定为收益的问题是并行的。基本的类型包括，法人利益分配型（分配时首先从利益中支付）和人寿保险年金型（分配是依据收益和本金的比例计算的金额）。虽然值得仔细讨论，但是本文不深入探讨。

3.2.2　课税递延之二（他益信托）

包括现行法在内的课税方法，对于他益信托，也是在信托设定时，视为将信托本金转移给受益人（但是，因为存在难以处理的类型，这些现在被视作法人课税信托，曾经被视为委托人课税信托），原则上套用自益信托的课税方法。[①] 在导管理论［将信托视为导管，信托收益到达（归属）受益人（曾经也包含委托人）］[②] 以及本次修改中予以明确的受益人等课税信托的导管型课税中，将受益人作为信托本金的所有人，因此，可以说与自益信托的观点相同。若是该观点妥当，可以说导管型课税与法人税中的彻底整合一样，[③] 是完全排除双重课税与课税递延利益的理想型课税方法。

但是，如上所述，这种观点并没有准确把握信托当事人之间的法律

[①]　佐藤英明《信託と課税》（弘文堂、2000 年）243 页也认为修改前的课税方法是以自益信托为中心。本文中，受益人支付了合理对价获得受益权的信托，被视为自益信托，未支付合理对价的，基本上被视为他益信托。

[②]　佐藤英明《信託と課税》（弘文堂、2000 年）148 页之后。

[③]　岡村忠生《法人税法讲义（第 3 版）》（成文堂、2007 年）第 3 页，第 10 页。

关系。作为法律事实，受益人无法对信托财产享有所有权。即使在课税中，也应该将信托视为信托，而不是拟制一个与法律事实相反的"归属"，只有在受益人得到信托财产（本金或收益）的分配，或者说只有在得到确定的权利时，方可对其课以所得税、法人税或继承税、赠与税。如果因此而产生弊害，则应该对信托（设立）阶段课税（减少信托财产的课税）。而且，这种观点，因为受益人得到的是全部的所得（包括受赠或继承所得），也就没有必要区分信托本金和收益，也可使税制更加简单化。

采用这种课税方法，继承税和所得税（法人税）的课税时间会滞后于现在的课税时间。课税是在分配本金或收益时才开始，而不是信托开始时或收益发生时。如果将这种课税方法称为"课税递延"，并不存在任何问题。但是，这里的课税递延同前述自益信托中的课税递延存在本质上的差异。因为从理论上讲，此时税负并没有减少。[①]

假设信托财产（本金加上保留收益）为 A。受益人支付赠与税取得信托财产，税率为 t。所得税课税之后的收益率为 r。不管是信托（受托人）还是受益人，假设以税后收益率 r 进行投资的机会相同 [受托人（信托）与受益人的税率不可能相同]。在这种条件下，在最初分配全部的信托财产时，受益人所缴税额为 At，收益为 $(1-t)A$。若是信托期间为 y 年，以税后收益率 r 进行投资时，收益为 $(1-t)A(1+r)^y$。

与此相对，若是 y 年后才进行分配，信托财产则为 $A(1+r)^y$，如果分配全部财产，则应缴税额为 $At(1+r)^y$，收益为 $(1-t)A(1+r)^y$。此时，$(1-t)A(1+r)^y$ 的数额与最初接受 $(1-t)A$ 的分配，并与以税后收益率 r 进行投资的结果相同。

而且，y 年后分配的纳税额 $At(1+r)^y$ 时的现值，与最初分配的纳税额 At 相同。即，即使延迟纳税时间，也不能减轻赠与税的负担。此

---

① 下文受 Alvin C. Warren, Jr., The Timing of Taxes, 39 Nat'l Tax J. 499 (1986) 的启发。

结论对任何一个 y 都成立，不管何时，如何进行分配，都不会减轻税负。对每年的收益率所课之所得税，不管是因信托所生，还是因受益人所生，可以说都一样。因此，他益信托中的"课税递延"与自益信托中的课税递延存在本质上的不同，[①] 此种条件下，就不会产生被称之为课税弊病的税收损失和纳税者之间的公平问题，也就没有必要进行课税上的处理。

这种模式以上文所述的内容为前提。即：①收益时所课之税（上文的例子中是赠与税）的税率通常是不变的；②给予受托人和受益人相同的税后收益率进行投资的机会。如果该前提不成立，分配时期的差异则会产生有利和不利的结果。对于①，该项制度的设计是有可能的。至于②，事实上很难成立。还须加入估算的要素。至于哪个模式的税后利率高，还要具体情况具体分析（难以说倾向哪一方），但是，不能因此而认为上文分析的"课税递延"发生了质的变化。

3.3 新课税方式的建言

3.3.1 对信托财产的受益课税

根据上述分析，提出具体的课税方法。

> ①对受益人，在获得分配信托财产时，对其分到的信托财产的全部（不区别本金与收益），按照市价进行课税。以分配时的市价作为受益人所获分配财产的取得价格。

此点为新课税方法的核心，将对受益人的财产分配作为课税标准的现金流课税（包含实物）。废除以往的，获得信托所得时，不顾受益人是否受益的事实，使所得归属于受益人的所得课税（导管型课税）。

---

① 这种模式中，如果对信托的收益不课税，就会出现与之前自益信托中的课税递延相类似的情况。

新方法中的课税时期，并不是没有可能以获得确定性的收益权之时为基准。但是，如下文3.3.2节所示，因为课税递延并无诟病，以取得金钱或实物的时间为准也影响不大，加上受益权的价值评估很困难，鉴于原则上受益人无法控制信托财产分配的时间，并且要从让纳税者容易理解的角度出发，应以信托财产的分配时间为课税时间。这也是这种课税方法最大的优点。[①]

以分配时的市价，作为受益人获得的分配财产的取得价格。账面价格的承继使得本金和收益的区别制度变得复杂，同时也有可能出现对账外收益和账外损失进行暗箱操作的情况。

> ② ①的税率是依据设定信托时被信托的财产的价格来决定，对于所有的分配均适用。

正如3.2.2节内容所述，税率在信托设立时即被固定。在委托人和受益人都为自然人时，税种通常是赠与税（在委托人死亡而生效的信托中为继承税）。在赠与税的情况下，税率是根据信托设定时所有的信托财产赠与给预定数量的受益人来计算的，在分配时予以适用。继承税的税率，是根据委托人死亡时信托财产被继承的情况计算的，在分配时予以适用。对于用于延期支付工资的信托，课以所得税。受益人为法人时，课以法人税。委托人为法人、受益人为个人时，课以所得税。税率的确定方式同赠与税。

> ③对于有偿转让受益权的受益人，以其支付的对价为课税标准，同①进行一样的课税。

在取得金钱和实物之前，受益权被有偿转让时，若无被扣除的原

---

① 美国信托课税中最棘手的问题就是信托受益权的定价问题，尤其是附期限和条件的受益权的定价问题。还有本金受益权和收益受益权分离的问题，以及不考虑受益权（对委托人进行替代课税）进行课税的问题。日本学界对此有精细的研究，参见佐藤英明《信託と課税》（弘文堂、2000年）第243页之后的内容。对此，本文所提出的课税方法是只聚焦于金钱或实物的受领，以此来回避这一难题。

价，则对收入金额课以赠与税。受让人需要将受益权作为资产，同自益信托的情形一样（视作受让人自己投资信托），以法人利益分配型或人寿保险年金型的形式，使其变成一项费用开支。

---

④对于受益人的无偿转让（受益人的更替），不发生课税关系。

受益权的无偿转让是指受益人的更替，作为对财产受益的课税，没有特别加以关注的必要。对后续受益人同样课税即可。这一点与受益人连续型信托完全相同。采用由前任受益人对后续受益人的全部信托财产的赠与或被继承的构成，同信托的法律关系相去甚远，即便进行如上处理，也不会减少税负。当然，也会出现比重复课税的税负稍轻的情况，但是，因为税率在一开始就已被固定，所以反而也会出现税负变重的情况。另外，在受益人不存在期间，只进行在 3.3.3 节中所述的信托征税。

3.3.2　对向信托转移财产的课税

首先需要讨论的是，委托人向信托转移的财产是否可以成为扣除的对象。

---

⑤委托人向信托转移的财产是否可以扣除，应以必要经费扣除等的要件为判断标准。

在无偿转移的情况下（向不伴随资产或劳务等对待给付的信托的财产转移），当委托人为自然人时，与一般的继承或赠与的情形相同，不能在所得税中扣除向信托转移的财产。但是，成为继承税课税对象的财产会减少。当委托人为法人时，虽然转移的财产被当做捐赠金，在限度额内作为损金计算，但当股东为受益人时，因为股息的性质，所以不能被当作损金进行计算。

不是无偿转移的情况下，例如为从业人员设定信托时（工资延迟给付），向信托转移的财产，可被视作所得税的必要经费或法人税的损金。

法人为其雇员设定信托时，应该适用损金计算限制的规定。

其次需要讨论的是，对转移财产中的损益的课税。

---

⑥委托人向信托转移财产时，就财产的账外损益对委托人课税。

现行法中，当委托人为法人时，不管有偿或无偿，均对向信托转移的财产的账外损益进行课税。新的制度中，即使委托人为自然人，因为信托的目的是使受益人受益，当受益人中可能包含法人的情况下，不管有偿无偿，都应对信托财产转移时的账外损益课税。[①] 自然人向信托有偿转移财产时，例如，个体经营业主为被雇用者设定信托，与转移实物的情况一样，在资产转移可能会出现必要经费扣除的情况下，与现行法中以实物支付工资相比，应该对向信托转移财产时的账外损益课税。

与此相对，在除了委托人和受益人均为自然人的信托之外的他益信托（具有对受益人赠与或遗赠性质的信托）中，为平衡不利用信托的情形使用而进行的账外损益课税可能会妨碍对信托的利用。即使不课税，所得税法中承继取得价格的情形，对于继承税赠与税，因为是以市价进行课税，所以不会造成征税递延的问题。不如说，以信托阶段计算出的所得（如下文⑦所述，对其课税是为了防止继承赠与税的课税递延），不以市价来评估，资产的取得价格越低，所表现出的差异则越大。

但是，如3.2.2节中所述，信托（设立）阶段课税是对受益人在分配时才课税的情形进行的补全，有必要准确计算信托财产的收益率，使之成为课税的对象。此处，不宜将信托设定之前所生之账外损益计算在内。既然对受益人所课之继承税、赠与税是以市价为基础，那么信托阶

---

① 笔者认为，因为财产是转移给受托人，所以拟制转让课税的有无取决于受托人是否为法人的这种形式理论欠妥。

段的所得的计算也应以与市价相近的基础为标准。[1]

3.3.3　对信托的课税

> ⑦以信托阶段来计算所得，对信托（受托人）进行课税。向受益人分配的财产，在实现了账外损益的同时，也没有降低课税标准。

以所有信托作为计算所得的单位来进行课税，纳税义务人即是受托人。假设税费以信托财产来支付，受托人负担税负就是赠与。对信托的这种所得课税是为了即使在分配时对受益人征收赠与税等，也不会因课税递延而产生利益。因此，这种课税与对受益人的课税之间不是双重课税关系。对信托进行的分配，不会减少课税的基础。

分配是在信托存续期间对被分配的资产的增值部分进行课税的机会。信托阶段课税，是以分配时点作为对受益者的课税时间，有必要正确计算出信托财产的收益率，不把信托期间所产生的账外损益作为征税对象是不合适的。[2]

---

[1]　也可以考虑，在明知遗漏了资产增值利益的课税，承认取得价格在上涨之后，就信托设立时的增值部分不对委托人课税时，以取得费作为市价。即使这样，与受益人课税之间也不产生任何问题。但是，这样做，会不利于不使用信托结构而承继取得费用的一般继承和赠与，故笔者认为此种做法有些不切实际。至于在继承和赠与中继承取代费用是否合适，尚需进一步探讨。

[2]　从一直以来对所得税的构想来看，应对分配时的市价评估课税作如下说明。信托财产在向信托转移时，以市价评估课税（⑥）之后，在分配信托期间产生的账外收益的资产被分配的情形，因受益人以市价作为取得费，这样账外收益就不会被课以所得税。因此，有必要对分配时的账外收益进行课税。但是，对信托的所得课税，是对分配时对受益人课税的补充，与一般所得税的性质不同，这种理由有待商榷。笔者认为下述的理由则更为妥当。若是此时不进行市价评估课税的话，如何界定受益人从信托中分得的实物资产的取得价格，换言之，分配的资产是信托本金还是信托收益，必须要分清。因为，无法区分本金和收益大大折损了税制的优点，对于纳税人，也会因利用信托而成为负担。再者，日本的取得费替代制度本身，就存在"亏损可以赠与"这一缺陷，在信托中，受托人也会为了"活用"信托而进行实物分配。参见冈村忠生·渡边徹也·高桥祐介《ベーシック税法（第5版）》（有斐閣2010年）第124页。根据同样规定了赠与时取得费替代制度的《美国国内税收法典》第1015条a，受赠者不能计入之后的财产转让损失。

⑧对信托的所得课税的税率，在受益人（接受信托分配者）确定的情况下，该税率可以稍微高于最高税率。当受益人未确定的情况下，参考个人所得税的最高税率来决定税率。

3.3.2 所述模式，是为了获得同受益人（现时接受分配者）投资同样的课税后利益，而对信托进行课税。如果，信托中被使用的财产的课税后利益超过了受益人，那么就会产生课税递延的利益。因为受托人多为专业的投资者，因此对以信托阶段计算的所得，以超过对受益人适用的最高税率的税率来进行课税就是妥当的。

但是，同时，如果受益人免于课税，就不应对信托阶段的所得进行课税。例如，受益人未达到课税最低标准，以及存在结转亏损的情况，非课税主体的情形。

这种处理方式适用于受益人确定的情况。若是同时存在多个受益人（现在接受分配者）的话，根据各自分配的数额，调整信托阶段的税率。若受益人中途变更，以当时（译者注：变更后的受益人）的受益人为标准。受益人未确定的，参考个人所得税的最高税率来决定税率。

在受益人更替的情况下，例如，当原来预定会成为受益人之人适用较高的个人所得税税率时，在其成为受益人之前，通过将其置于极限税率较低的受益人名下，与受益人不存在的情形相比，此种做法更能减轻信托阶段的税负。虽然可以根据最终的分配额度的实际情况，调整事后的信托阶段的税率，但是也容易使税制变得复杂。

再者，一般来说，在受益人更替信托中，在信托终止之时，重新审视整个信托，受益人以信托开始时的适用税率来计算税后收益率，与在信托过程中计算的税后收益率可能是不同的。例如，以委托人的死亡为生效条件的信托，在该配偶死亡之前，以另一方配偶为受益人，另一方配偶死亡后以孩子为受益人，孩子死亡后使财产归属于孙子后，信托即终止。若该另一方配偶没有所得，孩子占有了大部分的所得，与一开始就将孩子作为受益人的信托相比，此种信托方式减轻了税负，增加了受益人的受益。但是，在另一方配偶为受益人时，孩子并非受益人。在信托制度中，如果不是受益人，就无法分配财产。因此，通过与事实相反的设想来减轻税负，没有任何意义。[①]

> ⑨作为代替⑧的更为简单的课税方式，是创设一个对信托财产的账面价格的固定利率课税制度。

本文所提议的课税方式，对于受益人来说，是一种现金流课税，简单易懂。这一点如果涉及在信托阶段的课税，省略信托阶段的所得计算（对于实物分配不进行市价定价）。该种方式是设定一个资本收益率，然后以信托财产的账面价格（向信托转移财产时，以⑥中所提的方式来进行市价评估）为基准进行课税。[②] 进行分配时，从下一期之后，账面价格的课税基础就开始减少。

这种课税方式，对于信托期间所生之账外收益，在信托阶段不课税。这种课税方式虽然可以由纳税者自己选择，但是从与其他信托的公平来看，对于持续期间较长的信托或信托财产规模较大的信托，不能认可这种课税方式。

但是，为了使财产管理型的信托成为亲民的制度，一定要使税制更加简单化。当然，在简单化的同时，也一定要保证税收。

3.3.4　与经营性信托的区别

> ⑩以经营为目的的自益信托，以委托人信托财产的价格为受益权的取得价格。信托的分配，与法人的股息分配一样，首先从利益中分配，原则上，在信托结束时将受益权作为费用处理。以法人税率为信托的所得课税税率。

---

① 从这一观点出发，现行法中关于不存在受益人的信托的处理，不无疑问。参见第38页注释⑤、第41页注释③。可以考虑运用本文的课税方法，重新审视不存在受益人期间，是否有必要对信托进行所得课税。

② 这点表面上与对退休年金等公积金所课之法人税相类似。参见第52页注释①。另外，此点虽然制度的宗旨截然不同，但是与佐藤英明《信托と課税》（弘文堂、2000年）第164页的"利息课税方法"在结果上是相近的。

　　信托作为法人（公司）的替代制度，可以作为以经营或投资为目的的组织。但是，以上讨论的信托课税方式，均是以财产管理型的民事信托为前提，与法人税完全不同。因此，法人税的课税范围与信托课税范围的区分是一个需要关注的问题。在美国，这一问题，曾经作为区分与法人课税的商事信托的问题来研究。[1] 但是，现在美国也有被课以合伙税的信托。[2] 在日本，引入本文所提之课税方法（或者像现在一样），有必要将营利信托作为法人税或所得税的课税对象（视为公司或者合伙企业、个体经营）的可能。另外一个问题则是，是否对自益信托采用此种课税方法。

　　但是，本文所提倡的课税方法，只要稍作调整，就可成为与法人税相同的课税方法。即设定经营信托的投资人（委托人）成为受益人的自益信托，以出资的金额为受益权的取得价格，信托收益的分配，同法人的股息一样，从所得利益进行分配，同时如果将信托阶段征税的税率参照法人税率，就可与法人税相同。从此可以看出，本文所提倡的征税方法，可适用于多元化信托，具有一定的普遍性。

　　虽然也有将经营信托作为合伙或个体经营进行课税的情况，对于前者，合伙课税本身还不完善，尚存讨论的空间。对于后者，不承认信托但对其进行信托课税，使个体经营转为信托的动机是如何产生的（或没有这种动机），尚须进一步讨论。

---

　　① 佐藤英明《信託と課税》（弘文堂、2000 年）第 5 页之后，冈村忠生《法人税法讲义（第 3 版）》（成文堂、2007 年）第 16 页注 1、第 18 页注 2。
　　② 渕圭吾《アメリカ信託税制の諸問題》信托 239 号 28 页、29 页、38 页。

4   结语

本文针对 2007 年修改后的信托税制问题，重点对受益人连续型信托和法人课税信托进行了探讨。为解决该问题，建议对受益人采用现金流型的信托课税方式。此方式的关键是，对所谓课税递延的现象进行的分析。在他益信托中，无论何时分配以及何时对其进行课税，只要实行了适当的信托阶段课税，就不出现课税上的诟病（税收损失或公平问题），该内容至关重要。

并且，这种课税方式是，只要有效调整信托受益权的取得价格和信托阶段课税的税率，则几乎与现行的法人税基本相同，曾困扰美国的商事信托（曾被课以法人税的信托）和一般的信托的区别，本文认为不会产生很大的有利或不利的问题。再者，本文的课税方式，不仅适用于他益信托，也适用于自益信托，为此可以普遍适用于多种形式的信托。

最后，为了信托的发展，大刀阔斧地简化税制的探讨也有重要的意义。本文在⑨中提议的简易课税方式，与现行法人税中，对退休年金养老金等基金的课税有类似之处，易于引入该方式。

第二部分
三菱UFJ信托银行 2016年度中期报告书节选①

T Trust

---

① 本部分由姜雪莲老师指导，北京理工大学法学院本科生吴春姬翻译。

企业信息

一、企业概况

1. 主要经营指标

（1）关于近三年中期统一核算期间以及近两年统一核算年度的主要经营指标等的发展变化

		2014 年中期统一核算期间	2015 年中期统一核算期间	2016 年中期统一核算期间	2014 年	2015 年
		（自 2014 年 4 月 1 日至 2014 年 9 月 30 日）	（自 2015 年 4 月 1 日至 2015 年 9 月 30 日）	（自 2016 年 4 月 1 日至 2016 年 9 月 30 日）	（自 2014 年 4 月 1 日至 2015 年 3 月 31 日）	（自 2015 年 4 月 1 日至 2016 年 3 月 31 日）
统一核算经常性收益[①]	百万日元	324,473	359,472	360,217	650,326	717,672
统一核算信托报酬	百万日元	48,932	52,029	57,046	99,625	104,043
统一核算经常性利益	百万日元	121,925	115,336	105,547	237,570	238,380
归属母公司股东当期净利润	百万日元	86,760	79,594	65,439	—	—
归属母公司股东当期净利润	百万日元				159,773	159,583
统一核算中期全面收益	百万日元	210,765	Δ50,435	38,949		
统一核算全面收益	百万日元	—	—	—	527,021	41,222
统一核算净资产额	百万日元	2,207,146	2,420,769	2,444,507	2,468,243	2,470,166
统一核算总资产额	百万日元	35,748,843	38,044,884	42,456,889	38,309,785	45,685,976
每股净资产额	日元	612.27	662.12	671.31	688.68	675.66
每股中间净利润金额	日元	25.74	23.51	19.25	—	—
每股当期净利润金额	日元	—	—	—	47.41	47.04

---

① 译者注：统一核算经常收益是指（原文：连结经常利益）是指企业集团整体进行持续性经营活动时获得的利益，母公司与子公司作为单一的组织体进行计算。营业利益＋（营业外收益－营业外费用）计算出的利益，并非指集团企业各个公司的经营本公司主业务所获得利益的总和，包括非营业利益如利息等。

续表

		2014 年中期统一核算期间	2015 年中期统一核算期间	2016 年中期统一核算期间	2014 年	2015 年
		（自 2014 年 4 月 1 日至 2014 年 9 月 30 日）	（自 2015 年 4 月 1 日至 2015 年 9 月 30 日）	（自 2016 年 4 月 1 日至 2016 年 9 月 30 日）	（自 2014 年 4 月 1 日至 2015 年 3 月 31 日）	（自 2015 年 4 月 1 日至 2016 年 3 月 31 日）
潜力股①调整后每股中间净利润金额	日元	25.63	23.49	19.24	—	—
潜力股调整后每股当期净利润金额	日元	—	—	—	47.27	47.02
自有资本比例	%	5.77	5.91	5.37	6.05	5.02
营业活动产生的现金流	百万日元	3,469,493	Δ201,526	Δ709,761	4,741,422	5,255,916
因投资活动产生的现金流	百万日元	Δ91,027	1,599,640	Δ59,092	Δ886,569	Δ234,826
因财务活动产生的现金流	百万日元	Δ59,363	Δ46,599	Δ69,295	Δ124,521	Δ15,897
现金以及等同现金之物的中期期末余额	百万日元	4,868,706	6,720,512	9,428,165	—	—
现金以及等同现金之物的期末余额	百万日元	—	—	—	5,334,244	10,346,133
员工人数（括号内表示总员工人数外的平均临时员工人数）	人	11,871	12,425	13,089	11,757	12,602
		(2,512)	(2,667)	(2,700)	(2,570)	(2,672)
合算信托财产额	百万日元	165,695,056	187,088,964	186,991,620	189,514,792	197,313,308

注：1. 本公司以及国内统一核算子公司的消费税以及地方消费税的会计处理以税后净额法处理。

2. 关于中期统一核算期间每股信息的算定基础详见，记载于"第5会计的状况"中1"（1）中期统一核算财务诸表"之"每股信息"中。

3. 自有资本比例是由［（中期）期末净资产部分合计 −（中期）期末新股预约权 −（中期）期末非控股股东份额］除以（中期）期末资产部分合计所得出的金额。

4. 合算信托财产额是指基于"关于金融机构兼营信托业务的法律"，经营信托业务的各统一核算公司的信托财产额（包括基于职务分工型共同受托的信托财产）之和。另外，作为统一核算公司、经营相应信托业务的公司是指总公司以及日本第一信托银行股份有限公司。

———————

① 译者注：潜力股是指现在没有发行，将来有可能变为股票，比如转换公司债，保证债权等。

（2）关于本公司的最近三次中期统一核算期间以及近两个事业年度主要经营指标等的推移

期次		第 10 期中期	第 11 期中期	第 12 期中期	第 10 期	第 11 期
结算年月		2014 年 9 月	2015 年 9 月	2016 年 9 月	2015 年 3 月	2016 年 3 月
经常性收益	百万日元	268,808	288,591	302,086	531,226	571,346
信托报酬	百万日元	42,402	45,638	49,897	86,728	90,917
经常性利润	百万日元	110,164	99,549	105,515	210,078	206,507
中期净利润	百万日元	73,336	70,359	75,728	—	—
当期净利润	百万日元	—	—	—	140,757	159,981
资金	百万日元	324,279	324,279	324,279	324,279	324,279
发行股份总数	千股	普通股 3,369,443 第一回优先股	普通股 3,399,187	普通股 3,399,187	普通股 3,369,443 第一回优先股	普通股 3,399,187
净资产额	百万日元	1,978,567	2,111,170	2,247,597	2,200,649	2,233,512
总资产额	百万日元	34,260,963	35,478,530	40,213,919	36,271,336	40,320,504
存款余额	百万日元	12,573,246	12,944,485	14,532,416	12,741,410	13,345,415
贷款余额	百万日元	11,986,006	12,960,358	13,573,206	12,609,827	13,192,538
有价证券余额	百万日元	15,679,062	15,247,201	16,273,032	17,186,742	17,426,047
每股红利	日元	普通股 11.51 第一回优先股	普通股 10.87	普通股 14.47	普通股 22.04 第一回优先股	普通股 21.48
自有资本比例	%	5.77	5.95	5.58	6.06	5.53
员工人数（括号内表示总员工人数外的平均临时员工人数）	人	7,006 (1,444)	6,989 (1,539)	7,052 (1,650)	6,879 (1,495)	6,963 (1,575)
信托财产额（含职务分担型共同受托财产）	百万日元	68,593,302 (137,681,871)	81,197,994 (150,574,136)	82,890,520 (149,180,508)	73,316,071 (146,323,327)	82,820,257 (153,710,390)
信托科目贷款余额（含职务分担型共同受托财产）	百万日元	100,681 (100,681)	125,233 (125,233)	172,918 (172,918)	112,376 (112,376)	150,571 (150,571)
信托科目有价证券余额（含职务分担型共同受托财产）	百万日元	363,780 (55,425,604)	406,905 (54,402,498)	535,574 (52,375,631)	369,975 (58,086,929)	504,586 (53,614,888)

注：1. 消费税以及地方消费税的会计处理以税后净额法处理。

2. 每股红利中的相关临时分红包含在第十期的 4.32 日元，第十一期中的 4.28 日元，第十一期的 9.31 日元，第十二期中的 8.91 日元。

3. 第十二期中的虽实行实物分红，但未含每股相当分红额。

4. 自有资本利率是通过［（中期）期末净资产的部分合计 −（中期）期末新股预约权］除以（中期）期末资产的部分合计所得。

5. 信托财产额，信托科目贷款余额以及信托科目有价证券余额是根据记载在括号内职务分担型共同受托方式而包含受托中的信托财产（称"职务分担型共同受托财产"）的金额。

2. 业务内容

中期统一核算期间，有关总公司集团（总公司、子公司以及关联公司）所经营的事业内容无重大变更。另外，主要关联公司的相关变动如下。

（受托财产部门）

中期统一核算期间，Mitsubishi UFJ Trust & Banking Corporation（U. S. A. ）清算已完结，于 2016 年 8 月 30 日起不再是本公司的关系公司。

3. 关联公司状况

中期统一核算期间，不属于本公司关系公司的公司如下所示。

Mitsubishi UFJ Trust & Banking Corporation（U. S. A. ）（2016 年 8 月 30 日清算完结）

另外，中期统一核算期间，Mitsubishi UFJ Global Custody S. A. 更名为 Mitsubishi UFJ Investor Services & Banking（Luxembourg）S. A. 。MUGC Lux Management S. A. 更名为 MUFG Lux Management Company S. A. 。变更名称的时间为 2016 年 5 月 1 日。

4. 员工状况

（1）统一核算公司中的员工人数

（截至 2016 年 9 月 30 日）

部门名称	零售部门	法人业务部门	受托财产部门	国际市场部门	其他	合计
员工人数（人）	2,997 (1,187)	2,846 (519)	4,031 (389)	856 (26)	2,359 (579)	13,089 (2,700)

注：1. 员工人数包括海外当地员工 1,761 人以及实际工作内容相当于正式员工的营业等合同社员 644 人，除此之外的合同社员以及临时员工 3,093 人不包括在内。

2. 员工人数不包括执行董事 75 人。

3. 临时员工人数指，扣除本次中期统一核算期间的平均人员后，在括号内另外记载的人数。

（2）总公司员工人数

（截至 2016 年 9 月 30 日）

部门名称	零售部门	法人事务部门	受托财产部门	国际市场部门	其他	合计
员工人数（人）	2,946 (1,178)	1,545 (220)	1,102 (147)	736 (23)	723 (82)	7,052 (1,650)

注：1. 员工人数包括海外员工 401 人以及实际工作内容相当于正式员工的营业等合同社员 644 人，其他合同社员以及临时员工 1,684 人不包括在内。

2. 员工人数不包括执行董事 49 人。

3. 临时员工人数指，扣除本次中期统一核算期间的平均人员后，在括号内另外记载的人数。

4. 总公司的职员工会指，三菱 UFJ 信托银行职工工会，工会人数为 6,084 人，劳动者与使用者之间无特别记载事项。

二、企业经营

1. 业绩概要

【业绩】

（金融经济环境）

此次中期统一核算期间的金融经济环境，呈现出以发达国家为中心的世界经济缓慢回升的局面，但以英国决定脱欧等为开端，国际金融市场出现了一时的混乱情形，总体来说，未来发展趋势并不明朗。又，美国经济因企业的生产和投资设备发展迟缓，但随着雇用环境的改善，呈现出以扩大内需为主的自我恢复模式。欧洲经济被南欧诸国的不良债务纠纷问题所纠缠，虽在雇用环境改善以及低息支持下，内需呈现出小幅上升的趋势，但随着英国脱欧选择的不透明，欧洲经济仍不被看好，英国脱欧无疑给欧洲经济带来了重压，令其前景更加不容乐观。亚洲经济则在整体上表现出以内需为主导的东盟和印度为中心稳步增长。在此背景下，日本经济虽然呈现出缓慢复苏的端倪，但也可以明显看出日本各地经济发展迟缓，在个人消费、雇用、所得环境的改善以及物价下跌后的日本经济增速虽然缓慢但也在逐渐好转，住宅投资和公共投资也有上升趋势。另外，设备投资方面需要以内需恢复、长期人手不足等为背景，虽投资理念较强，但日元升值后导致企业收益减少，呈现出一进一退的状态。与此同时，输出方面也反应出世界经济发展趋势不明朗，表现疲软的状态。

将目光转向金融情势，美国放弃追加利息之金融政策，欧盟以及英国则进一步强化金融宽松政策。日本中央银行在 9 月通过导入"长短期利息操作量上质上的金融宽松"，维续推行金融宽松政策，使长期利息向负值推移。汇兑行市向日元增值方向不断推移，股价虽有震荡，进入横向修整状态。

（本次中期统一核算期间的业绩）

本次中期统一核算期间的业绩如下所示。

关于资产部分，因受托资金以及有价证券等的减少，本次中期统一核算期间减少了 3 兆 2,290 亿日元，即 40 兆 1,223 亿日元。负债部分，因信托借入（科目）减少了 3 兆 2,034 亿日元，即 40 兆 123 亿日元。净资产的部分，因其他有价证券评估差额金以及汇兑换算调整科目的减少等减少 256 亿日元，即 2 兆 4,445 亿日元。

另外，信托财产总额减少了 10 兆 3,216 亿日元，即 186 兆 9,916 亿日元。

关于损益状况，显示本公司主要业务的期间损益统一核算业务净利益（一般呆账抵押金结转前，信托账户偿还前），比上一次中期统一核算期间减少了 158 亿日元，即 912 亿日元。

在各部门细目中，零售部门 16 亿日元（比上一次中期统一核算期间增加 24 亿日元），法人事务部门 430 亿日元（同比增加 36 亿日元），受托财产部门 290 亿日元（同比增加 48 亿日元），国际市场部门（同比增加 27 亿日元）。法人业务部门的各业务细目中，法人业务 237 亿日元（比上一次中期统一核算增加 29 亿日元），不动产业务 77 亿日元（比上一次中期统一核算期间增加 21 亿日元），证券代理业务 116 亿日元（比上一次中期统一核算期间增加 14 亿日元）。

另外，股票等相关损益达 134 亿日元，贷款相关费用总额则达到了 318 亿日元的利润。

以上，税金调整前中期净利润为 1,003 亿日元，综合考虑了法人税等总金额、归属于非控股股东的中期净利润中归属于母公司股东的中期净利润，比上次中期统一核算期间减少 141 亿日元，达 654 亿日元。

本次中期统一核算期间的统一核算自有资本比率（巴塞尔协议Ⅲ：国际统一基准），统一核算普通股份等 Tier1 比率为 16.38%、统一核算 Tier1 比率为 17.15%、统一核算自有资本比率为 20.43%。

（现金流）

有关本次中期统一核算期间的现金流，一方面，因营业活动产生的现金流随着存款和因债权借贷交易受领的担保金的增加而增加；另一方面，由于信托科目借款的减少，共支出 7,097 亿日元（比上次中期统一核算支出增加 5,082 亿日元）。另外，由投资活动产生的现金流，由于对国内外的债券进行投资，支出 590 亿日元（同比增加 1 兆 6,587 亿日元），因财务活动产生的现金流，因支付红利，支出 692 亿日元（同比支出增加 226 亿日元）。如此，现金以及等同现金之物的中期期末余额比上次中期统一核算减少了 9,179 亿日元，达 4,281 亿日元。

（1）国内、海外收支

信托报酬，与上次中期统一核算相比增加 50 亿日元达 570 亿日元。运用资金的收支，国内减少了 183 亿日元，达 640 亿日元，海外减少了 39 亿日元，达 123 亿日元。扣除冲抵部分合计减少 402 亿日元达 509 亿日元。另外，业务交易等收支，国内增加 2 亿日元达 786 亿日元，海外增加 21 亿日元达 161 亿日元，扣除冲抵部分合计增加 28 亿日元，达 968 亿日元。

种类	期别	国内 金额 （百万日元）	海外 金额 （百万日元）	冲抵额（△） 金额 （百万日元）	合计 金额 （百万日元）
信托报酬	上次中期统一核算期间	55,113	—	3,084	52,029
	本次中期统一核算期间	60,458	—	3,412	57,046
资金运用收支	上次中期统一核算期间	82,352	16,345	7,529	91,167
	本次中期统一核算期间	64,019	12,395	25,499	50,915
资金运用收益	上次中期统一核算期间	112,272	24,293	9,097	127,469
	本次中期统一核算期间	110,409	26,908	28,281	109,036
资金措集费用	上次中期统一核算期间	29,920	7,948	1,567	36,301
	本次中期统一核算期间	46,389	14,513	2,781	58,120
业务交易[①]等收支	上次中期统一核算期间	78,475	13,975	△1,555	94,006
	本次中期统一核算期间	78,679	16,154	△2,065	96,899
业务交易等收益	上次中期统一核算期间	117,881	18,932	11,131	125,682
	本次中期统一核算期间	119,015	20,536	9,942	129,610

---

① 译者注：业务交易则是义务交易收益是提供金融服务获得的手续费减去提供服务产生的费用。

续表

种类	期别	国内	海外	冲抵额（Δ）	合计
		金额 （百万日元）	金额 （百万日元）	金额 （百万日元）	金额 （百万日元）
劳务交易等费用	上次中期统一核算期间	39,405	4,957	12,687	31,675
	本次中期统一核算期间	40,336	4,382	12,007	32,711
特定交易收支	上次中期统一核算期间	10,060	2,942	31	12,972
	本次中期统一核算期间	7,071	2,703	39	9,735
特定交易收益	上次中期统一核算期间	10,500	2,947	31	13,416
	本次中期统一核算期间	7,124	2,723	39	9,808
特定交易费用	上次中期统一核算期间	439	5	—	444
	本次中期统一核算期间	52	20	—	72
其他业务收支	上次中期统一核算期间	Δ16,474	2,652	0	Δ13,822
	本次中期统一核算期间	15,575	2,740	3	18,313
其他业务收益	上次中期统一核算期间	12,658	9,560	4	22,214
	本次中期统一核算期间	26,774	3,788	62	30,500
其他业务费用	上次中期统一核算期间	29,133	6,907	3	36,037
	本次中期统一核算期间	11,198	1,048	59	12,187

注：1. 国内是指本公司（不含海外店铺）以及在国内持有总店的统一核算子公司（以下统称国内统一核算子公司）。海外是指本公司的海外店铺以及在海外持有总店的统一核算子公司（以下统称海外统一核算子公司）。

2. 合并公司间的冲抵金额，计入在"冲抵额"一栏中。

3. "筹集资金费用"是扣除金钱的信托的运用预估费用（上次中期统一核算期间 10 百万日元，本次中期统一核算期间 10 百万日元）。

（2）国内、海外的资金运用/筹资情况

资金运用科目的平均余额，国内、海外总收受的资金比上次中期统一核算期间增加 1 兆 8,876 亿日元达 36 兆 3,935 亿日元，收益率降低 0.13 个点，即 0.59%。另外，资金筹措科目的平均余额，国内、海外的信托科目借款增加了 6 兆 2,356 亿日元，达 39 兆 8,146 亿日元，收益率上升 0.07 个点达 0.29%。

①国内

种类	期别	平均余额	利息	收益率
		金额（百万日元）	金额（百万日元）	（%）
资金运用科目	上次中期统一核算期间	28,973,651	112,272	0.77
	本次中期统一核算期间	32,368,422	110,409	0.68
贷款	上次中期统一核算期间	10,784,771	37,582	0.69
	本次中期统一核算期间	11,685,030	36,598	0.62
有价证券	上次中期统一核算期间	12,809,875	72,477	1.12
	本次中期统一核算期间	13,271,199	70,575	1.06

续表

种类	期别	平均余额	利息	收益率
		金额（百万日元）	金额（百万日元）	（%）
短期贷款以及买入票据	上次中期统一核算期间	113,055	166	0.29
	本次中期统一核算期间	82,861	209	0.5
（卖出）回购协议应收款	上次中期统一核算期间	263,610	Δ201	Δ0.15
	本次中期统一核算期间	—	—	—
债券借贷交易支付保证金	上次中期统一核算期间	—	—	—
	本次中期统一核算期间	1,437,516	Δ160	Δ0.02
应解汇款	上次中期统一核算期间	4,809,878	2,085	0.08
	本次中期统一核算期间	5,807,751	1,379	0.04
资金筹措科目	上次中期统一核算期间	28,108,566	29,920	0.21
	本次中期统一核算期间	36,028,964	46,389	0.25
存款	上次中期统一核算期间	11,636,834	9,618	0.16
	本次中期统一核算期间	12,562,054	9,319	0.14
定期存单	上次中期统一核算期间	3,118,756	1,312	0.08
	本次中期统一核算期间	2,219,776	202	0.01
拆息以及出售票据	上次中期统一核算期间	1,392,028	975	0.13
	本次中期统一核算期间	1,657,718	Δ322	Δ0.03
其中（买入）回购协议应付款	上次中期统一核算期间	3,889,227	1,847	0.09
	本次中期统一核算期间	3,967,231	2,565	0.12
受领的债券借贷交易担保金	上次中期统一核算期间	2,593,092	736	0.05
	本次中期统一核算期间	3,771,758	189	0.01
商业票据	上次中期统一核算期间	—	—	—
	本次中期统一核算期间	—	—	—
借款	上次中期统一核算期间	1,830,510	3,284	0.35
	本次中期统一核算期间	2,048,135	3,415	0.33
信托科目借入	上次中期统一核算期间	2,890,673	4,922	0.33
	本次中期统一核算期间	8,726,467	14,842	0.33

注：1. 国内是指本公司（不含海外店）以及国内统一核算子公司。

2. 平均余额是本公司根据每天余额的平均值计算得出，国内统一核算子公司则以每月末月平均余额计算。

3. 平均余额及利息是指本公司和国内统一核算子公司余额简单相加后的金额。

4. "资金运用科目"指扣除无息应解汇款的平均余额（上次中期统一核算 171,520 百万日元，本次中期统一核算期间 4,201,032 百万日元），"资金筹措科目"是分别扣除金钱的信托运用预估金额的平均余额（上次中期统一核算是 13,257 百万日元，本次中期统一核算 13,039 百万日元）以及利息（上次中期统一核算期间 10 百万日元，本次中期企业核算期间 10 百万日元）后的金额。

②海外

种类	期别	平均余额	利息	收益率
		金额（百万日元）	金额（百万日元）	（%）
资金运用科目	上次统一核算结算期间	6,070,940	24,293	0.79
	本次统一核算结算期间	5,884,059	26,908	0.91
贷款	上次统一核算结算期间	1,996,052	9,480	0.94
	本次统一核算结算期间	1,785,353	11,345	1.26
有价证券	上次统一核算结算期间	2,639,129	12,980	0.98
	本次统一核算结算期间	2,278,758	12,290	1.07
短期贷款以及买入票据	上次统一核算结算期间	1,341	1	0.28
	本次统一核算结算期间	533	1	0.54
（卖出）回购协议应收款	上次统一核算结算期间	—	—	—
	本次统一核算结算期间	—	—	—
支付债券借贷交易保证金	上次统一核算结算期间	—	—	—
	本次统一核算结算期间	—	—	—
应解汇款	上次统一核算结算期间	1,428,574	1,485	0.2
	本次统一核算结算期间	1,816,262	3,253	0.35
资金筹措科目	上次统一核算结算期间	5,884,808	7,948	0.26
	本次统一核算结算期间	5,489,186	14,513	0.52
存款	上次统一核算结算期间	1,579,285	2,040	0.25
	本次统一核算结算期间	1,666,529	2,486	0.29
定期存单	上次统一核算结算期间	2,337,906	3,624	0.3
	本次统一核算结算期间	1,992,097	6,437	0.64
拆息以及出售票据	上次统一核算结算期间	—	—	—
	本次统一核算结算期间	—	—	—
（买入）回购交易协议应付款	上次统一核算结算期间	1,394,000	817	0.11
	本次统一核算结算期间	1,232,582	1,367	0.22
受领的债券借贷交易担保金	上次统一核算结算期间	—	—	—
	本次统一核算结算期间	—	—	—
商业票据	上次统一核算结算期间	520,605	738	0.28
	本次统一核算结算期间	436,589	1,560	0.71
借款	上次统一核算结算期间	6,602	36	1.09
	本次统一核算结算期间	8,757	77	1.77
信托科目借入	上次统一核算结算期间	—	—	—
	本次统一核算结算期间	—	—	—

注：1. 海外是指本公司的海外店铺以及海外统一核算子公司。

2. 平均余额是总公司根据每天的平均值计算得出，海外统一核算子公司则以每月末月平均余额计算。

3. 平均余额及利息指本公司和海外统一核算子公司余额简单相加所得的金额。

4. "资金运用科目"指扣除无息应解汇款的平均余额（上次中期统一核算期间 4,582 百万日元，本次中期统一核算期间 23,906 百万日元）。

③合计

种类	期别	平均余额（百万日元）			利息（百万日元）			收益率
		小计	冲抵额（Δ）	合计	小计	冲抵额（Δ）	合计	（%）
资金运用科目	上次统一核算期间	35,044,591	538,753	34,505,838	136,566	9,097	127,469	0.73
	本次统一核算期间	38,252,481	1,858,973	36,393,508	137,318	28,281	109,036	0.59
贷款	上次统一核算期间	12,780,824	107,322	12,673,502	47,063	1,857	45,205	0.71
	本次统一核算期间	13,470,383	120,776	13,349,607	47,944	1,942	46,001	0.68
有价证券	上次统一核算期间	15,449,005	131,961	15,317,044	85,457	6,948	78,509	1.02
	本次统一核算期间	15,549,958	168,192	15,381,765	82,866	25,459	57,407	0.74
短期贷款以及买入票据	上次统一核算期间	114,397	0	114,397	167	—	167	0.29
	本次统一核算期间	83,394	—	83,394	211	—	211	0.50
（卖出）回购协议应收款	上次统一核算期间	263,610		263,610	Δ201		Δ201	Δ0.15
	本次统一核算期间	—	—	—	—	—	—	
支付债券借贷交易保证金	上次统一核算期间							
	本次统一核算期间	1,437,516	1,141,588	295,927	Δ160	54	Δ214	Δ0.14
应解汇款	上次统一核算期间	6,238,452	299,470	5,938,982	3,570	290	3,279	0.11
	本次统一核算期间	7,624,014	428,415	7,195,598	4,632	825	3,806	0.10
资金筹措科目	上次统一核算期间	33,993,374	414,328	33,579,046	37,868	1,567	36,301	0.21
	本次统一核算期间	41,518,151	1,703,463	39,814,687	60,902	2,781	58,120	0.29
存款	上次统一核算期间	13,216,120	294,206	12,921,914	11,659	294	11,364	0.17
	本次统一核算期间	14,228,583	436,929	13,791,654	11,805	846	10,959	0.15
定期存单	上次统一核算期间	5,456,662	12,800	5,443,862	4,936	4	4,932	0.18
	本次统一核算期间	4,211,873	4,168	4,207,705	6,639	1	6,638	0.31
拆息以及出售票据	上次统一核算期间	1,392,028	0	1,392,028	975	—	975	0.13
	本次统一核算期间	1,657,718	—	1,657,718	Δ322	—	Δ322	Δ0.03
（买入）回购协议应付款	上次统一核算期间	5,283,228		5,283,228	2,665		2,665	0.10
	本次统一核算期间	5,199,814		5,199,814	3,933		3,933	0.15
受领的债券借贷交易担保金	上次统一核算期间	2,593,092		2,593,092	736		736	0.05
	本次统一核算期间	3,771,758	1,141,588	2,630,169	189	54	135	0.01
商业票据	上次统一核算期间	520,605		520,605	738	—	738	0.28
	本次统一核算期间	436,589	—	436,589	1,560	—	1,560	0.71
借款	上次统一核算期间	1,837,112	107,322	1,729,790	3,321	1,268	2,052	0.23
	本次统一核算期间	2,056,892	120,776	1,936,115	3,493	1,344	2,149	0.22
信托科目借入	上次统一核算期间	2,890,673	29	2,890,643	4,922	0	4,922	0.33
	本次统一核算期间	8,726,467	71	8,726,396	14,842	0	14,842	0.33

注：1. 平均余额是基于总公司每日平均余额算出的，而海外统一核算子公司是利用每个月末的平均余额算出的。

2. 有关统一核算公司间的抵消额，计算在上面的"冲抵额"栏中。

3. "资金运用科目"是指扣除无利息存款的平均余额（上次统一核算年度 164,344 百万日元、本次统一核算年度 172,978 百万日元），"资金筹措科目"指扣除金钱的信托运用金额的平均余额（上次统一核算年度 12,885 百万日元、本次统一核算年度 13,922 百万日元）以及利息（上次统一核算年度 24 百万日元、本次统一核算年度 23 百万日元）。

（3）国内、海外的业务交易状况

业务交易等收益是指以国内、海外合计，以投资信托委托，投资顾问业务为主，比上次统一核算年度增加了 39 亿日元，达 1,296 亿日元。业务交易等费用是指国内、海外合计，增加 10 亿日元，达 327 亿日元。

种类	期别	国内	海外	冲抵额（△）	合计
		金额 （百万日元）	金额 （百万日元）	金额 （百万日元）	金额 （百万日元）
业务交易等收益	上次统一核算期间	117,881	18,932	11,131	125,682
	本次统一核算期间	119,015	20,536	9,942	129,610
信托关联业务	上次统一核算期间	47,175	—	2,721	44,453
	本次统一核算期间	43,808	—	2,222	41,585
存款、贷款业务	上次统一核算期间	5,516	1,313	1	6,828
	本次统一核算期间	4,907	856	3	5,761
汇兑业务	上次统一核算期间	601	0	31	569
	本次统一核算期间	546	0	24	522
证券关联业务	上次统一核算期间	12,639	902	3,647	9,894
	本次统一核算期间	10,208	636	3,860	6,984
投资信托委托业务，投资顾问业务	上次统一核算期间	43,575	1,786	1,558	43,803
	本次统一核算期间	48,114	1,418	1,638	47,894
代理业务	上次统一核算期间	89	—	—	89
	本次统一核算期间	75	—	—	75
保护保管、出借金库业务①	上次统一核算期间	182	—	—	182
	本次统一核算期间	173	—	—	173
担保业务	上次统一核算期间	1,287	26	207	1,106
	本次统一核算期间	1,354	25	212	1,168
业务交易等费用	上次统一核算期间	39,405	4,957	12,687	31,675
	本次统一核算期间	40,336	4,382	12,007	32,711
汇兑业务	上次统一核算期间	370	807	24	1,153
	本次统一核算期间	352	893	23	1,221

注：1. 国内是指总公司（排除海外店铺）以及国内统一核算子公司。
海外是指总公司的海外店铺以及海外统一核算子公司。
2. 关于合并公司之间的抵消额，见"冲抵额"栏。

---

① 译者注：保护保管业务是指，（a）开封的状态即将原物原封不动进行保管；（b）密封状态进行保管（封签时保管方在场）；（c）银行金库内的设施与钥匙提供给顾客，通常称为出借金库。但是，危险物、易于腐烂、破损物等不适于保管之物除外。

（4）国内、海外特定交易状况

①特定交易收益、费用明细

特定交易收益是指国内、海外合计以特定金融衍生商品收益为主，相比上次统一核算期间减少了 36 亿日元至 98 亿日元。

种类	期别	国内	海外	冲抵额（Δ）	合计
		金额 （百万日元）	金额 （百万日元）	金额 （百万日元）	金额 （百万日元）
特殊交易收益	上次统一核算期间	10, 5(8)	2,947	31	13,416
	本次统一核算期间	7,124	2,723	39	9,808
商品有价证券收益	上次统一核算期间	Δ28	2,947	31	2,887
	本次统一核算期间	2	2,540	39	2,502
特定交易有价证券收益	上次统一核算期间	—	—	—	—
	本次统一核算期间	—	—	—	—
特定金融衍生商品交易收益	上次统一核算期间	10,383	0	—	10,383
	本次统一核算期间	7,100	183	—	7,284
其他特定交易收益	上次统一核算期间	144	—	—	144
	本次统一核算期间	21	—	—	21
特定交易费用	上次统一核算期间	439	5	—	444
	本次统一核算期间	52	20	—	72
商品有价证券费用	上次统一核算期间	—	—	—	—
	本次统一核算期间	—	—	—	—
特定交易有价证券费用	上次统一核算期间	439	5	—	444
	本次统一核算期间	52	20	—	72
特定金融衍生商品费用	上次统一核算期间	—	—	—	—
	本次统一核算期间	—	—	—	—
其他特定交易费用	上次统一核算期间	—	—	—	—
	本次统一核算期间	—	—	—	—

注：1. 国内是指总公司（排除海外店铺）以及国内统一核算子公司。

海外是指总公司的海外店铺以及海外统一核算子公司。

2. 关于统一核算公司之间的冲抵额，见"冲抵额"栏。

②特定交易资产、负债明细（期末余额）

特定交易资产是指国内、海外合计，以其他特定交易资产为主，相比上次统一核算期间增加了 1,175 亿日元，达 5,559 亿日元。另外，特定交易负债是指国内、海外合计，以特定金融派生商品为主减少了 99 亿日元，至 1,485 亿日元。

种类	期别	国内 金额（百万日元）	海外 金额（百万日元）	冲抵额（Δ） 金额（百万日元）	合计 金额（百万日元）
特定交易资产	上次统一核算期间	436,578	1,838	—	438,417
	本次统一核算期间	553,821	2,145	—	555,967
商品有价证券	上次统一核算期间	6,035	—	—	6,035
	本次统一核算期间	4,242	—	—	4,242
商品有价证券衍生商品	上次统一核算期间	—	—	—	—
	本次统一核算期间	—	—	—	—
特定交易有价证券	上次统一核算期间	449	548	—	997
	本次统一核算期间	—	—	—	—
特定交易证券衍生商品	上次统一核算期间	—	12	—	12
	本次统一核算期间	—	—	—	—
特定金融衍生商品	上次统一核算期间	169,839	1,278	—	171,117
	本次统一核算期间	154,084	2,145	—	156,230
其他特定交易资产	上次统一核算期间	260,254	—	—	260,254
	本次统一核算期间	395,494	—	—	395,494
特定交易负债	上次统一核算期间	157,333	1,088	—	158,422
	本次统一核算期间	146,698	1,806	—	148,504
卖空商品债券[①]	上次统一核算期间	—	—	—	—
	本次统一核算期间	—	—	—	—
商品有价证券衍生商品	上次统一核算期间	3	—	—	3
	本次统一核算期间	0	—	—	0
特定交易卖空债券	上次统一核算期间	—	—	—	—
	本次统一核算期间	—	—	—	—
特定交易有价证券衍生商品	上次统一核算期间	—	—	—	—
	本次统一核算期间	—	—	—	—
特定金融衍生商品	上次统一核算期间	157,330	1,088	—	158,419
	本次统一核算期间	146,698	1,806	—	148,504
其他特定交易负债	上次统一核算期间	—	—	—	—
	本次统一核算期间	—	—	—	—

注：1. 国内是指总公司（排除海外店铺）以及国内统一核算子公司。
海外是指总公司的海外店铺以及海外统一核算子公司。
2. 关于统一核算公司之间的冲抵额，见"冲抵额"栏。

---

① 译者注：卖空商品债券指作为证券交易，卖空国债等有价证券时计入的科目。

（5）《关于金融机构兼营信托业务的法律》的信托业务进展状况

《关于金融机构兼营信托业务的法律》，合算了经营信托业务的每个统一核算公司信托财产金额。

① 信托财产的运用/受托状况

○ 信托财产余额表（统一核算）

资产				
科目	上次中期统一核算期间（2015 年 9 月 30 日）		本次中期统一核算期间（2016 年 9 月 30 日）	
	金额（百万日元）	构成比（%）	金额（百万日元）	构成比（%）
贷款	125,233	0.07	172,918	0.09
有价证券	86,723,084	46.35	85,114,087	45.52
投资信托有价证券	36,215,319	19.36	37,015,132	19.80
投资信托外国投资	14,652,535	7.83	13,047,851	6.98
信托受益权	386,099	0.21	117,772	0.06
受托有价证券	5,938,677	3.17	6,027,280	3.22
金钱债券	10,502,891	5.61	8,398,485	4.49
有形固定资产	11,256,827	6.02	12,035,635	6.44
无形固定资产	196,377	0.11	206,638	0.11
其他债权	7,271,471	3.89	6,811,539	3.64
短期贷款	6,032,806	3.22	3,620,143	1.94
银行账户贷款	3,820,713	2.04	8,101,574	4.33
现金应解汇款	3,966,926	2.12	6,322,562	3.38
合计	187,088,964	100.00	186,991,620	100.00

负债				
科目	上次中期统一核算期间（2015 年 9 月 30 日）		本次中期统一核算期间（2016 年 9 月 30 日）	
	金额（百万日元）	构成比（%）	金额（百万日元）	构成比（%）
金钱信托	28,024,505	14.98	26,229,115	14.03
年金信托	15,144,529	8.10	12,843,522	6.87
财产积累型给付信托[①]	7,976	0.00	7,523	0.00
投资信托	56,781,925	30.35	59,138,914	31.63
金钱信托以外的金钱的信托[②]	3,535,084	1.89	3,316,252	1.77
有价证券的信托	9,991,304	5.34	9,918,958	5.30
金钱债权的信托	9,528,919	5.09	7,642,868	4.09
动产的信托	49,983	0.03	63,438	0.03
土地以及其附着物的信托	82,423	0.04	65,798	0.04
概括性信托[③]	63,942,311	34.18	67,765,227	36.24
合计	187,088,964	100.00	186,991,620	100.00

注：1. 上述余额表，排除了金钱评价上认定困难的信托。

2. 合算对象的统一核算子公司　　上次中期统一核算期间　　日本 The Master Trust Bank of Japan，Ltd（公司全称）信托银行股份有限公司

本次中期统一核算期间　　日本 The Master Trust Bank of Japan，Ltd（公司全称）信托银行股份有限公司

3. 共同信托有其他公司管理的财产　上次中期统一核算期间　520,400 百万日元

本次中期统一核算期间　382,101 百万日元

---

① 译者注：为了劳动者能够增加"储蓄资产"、准备"养老资金"、"促进购买房屋"，根据《劳动者财产形成促进法》促进劳动者积累财产。信托银行根据该制度，受托财产积累信托、财产积累年金信托、财产积累住宅信托、财产积累给付信托以及财产积累基金信托。

② 受托信托时信托财产为金钱，但是，信托终止时以信托财产原状交付给受益人的信托，称为金钱信托以外的金钱的信托。

③ 译者注：概括性信托是指，一个行为受托两种以上财产的信托，比如同时信托金钱与有价证券的信托。

（参考）
信托财产余额表（单体）

资产				
科目	上次中期统一核算期间 （2015 年 9 月 30 日）		本次中期统一核算期间 （2016 年 9 月 30 日）	
	金额（百万日元）	构成比（%）	金额（百万日元）	构成比（%）
贷款	125,233	0.16	172,918	0.21
有价证券	406,905	0.50	535,574	0.65
信托受益权	57,124,038	70.35	55,797,385	67.31
受托有价证券	17,353	0.02	13,761	0.02
金钱债权	9,257,227	11.40	7,597,485	9.17
有形固定资产	11,256,827	13.86	12,035,635	14.52
无形固定资产	196,377	0.24	206,638	0.25
其他债权	164,161	0.20	178,724	0.21
银行账户贷款	2,011,693	2.48	5,616,214	6.77
现金应解汇款	638,176	0.79	736,182	0.89
合计	81,197,994	100.00	82,890,520	100.00

负债				
科目	上次中期统一核算期间 （2015 年 9 月 30 日）		本次中期统一核算期间 （2016 年 9 月 30 日）	
	金额（百万日元）	构成比（%）	金额（百万日元）	构成比（%）
金钱信托	2,406,918	2.96	2,714,111	3.27
财产积累型给付信托	7,976	0.01	7,523	0.01
投资信托	56,781,925	69.93	59,138,914	71.34
金钱信托以外的金钱的信托	543,610	0.67	645,509	0.78
有价证券的信托	17,431	0.02	13,839	0.02
金钱债权的信托	9,528,919	11.74	7,642,868	9.22
动产的信托	49,983	0.06	63,438	0.08
土地以及其附着物的信托	82,423	0.10	65,798	0.08
概括性信托	11,778,804	14.51	12,598,515	15.20
合计	81,197,994	100.00	82,890,520	100.00

注：1. 上述余额表已排除金钱评价困难的信托。

2. 其他公司管理财产的共同信托，上次中期统一核算期间为 69,897,486 百万日元、本次中期统一核算期间为 66,681,581 百万日元。

3. 签署保本信托合同信托的贷款，上次中期统一核算期间为 25,235 百万日元破产债权额 3 百万日元、迟延债权额 0 百万日元、3 个月以上迟延债权额为 170 百万日元、放宽借出条件债权额为 633 百万日元。

又，这些债权额的合计额为 808 百万日元。

4. 签署保本信托合同信托的贷款，本次中期统一核算期间为 20,489 百万日元、破产债权额为 3 百万日元、迟延债权额为 0 百万日元、3 个月以上迟延债权额为 5 百万日元、放宽借出条件债权额为 597 百万日元。

这些债权额的合计额为 606 百万日元。

另外，上页注2中，在共同信托由其他公司管理财产，由本公司和日本 The Master Trust Bank of Japan，Ltd（公司全称）信托银行股份有限公司职务分工型共同受托方式下受托的信托财产（以下称为"职务分工型共同受托财产"）上次中期统一核算期间为 69,377,085 百万日元、包含本次中期统一核算期间 66,299,479 百万日元。

在前记信托财产余额表中，职务分工型共同受托财产合算出的信托财产余额如下表所示。

信托财产余额表（职务分工型共同受托财产合算）

资产				
科目	上次中期统一核算期间（2015 年 9 月 30 日）		本次中期统一核算期间（2016 年 9 月 30 日）	
	金额（百万日元）	构成比（%）	金额（百万日元）	构成比（%）
贷款	125,233	0.08	172,918	0.12
有价证券	54,402,498	36.13	52,375,631	35.11
信托受益权	57,133,924	37.94	55,811,032	37.41
受托有价证券	3,638,677	2.42	3,727,280	2.50
金钱债权	9,991,641	6.64	8,384,845	5.62
有形固定资产	11,256,827	7.48	12,035,635	8.07
无形固定资产	196,377	0.13	206,638	0.14
其他债权	4,009,076	2.66	3,420,159	2.29
短期贷款	2,321,508	1.54	624,483	0.42
银行贷款	3,820,681	2.54	7,673,408	5.14
现金存款	3,677,688	2.44	4,748,475	3.18
合计	150,574,136	100.00	149,180,508	100.00

负债				
科目	上次中期统一核算期间（2015 年 9 月 30 日）		本次中期统一核算期间（2016 年 9 月 30 日）	
	金额（百万日元）	构成比（%）	金额（百万日元）	构成比（%）
金钱信托	20,872,758	13.86	19,311,414	12.95
年金信托	15,144,529	10.06	12,843,522	8.61
财产积累型给付信托	7,976	0.01	7,523	0.01
投资信托	56,781,925	37.71	59,138,914	39.64
金钱信托以外的金钱的信托	3,535,084	2.35	3,316,252	2.22
有价证券的信托	5,622,723	3.73	5,645,901	3.79
金钱债权的信托	9,528,919	6.33	7,642,868	5.12
动产信托	49,983	0.03	63,438	0.04
土地以及其附着物的信托	82,423	0.05	65,798	0.04
概括性信托	38,947,810	25.87	41,144,872	27.58
合计	150,574,136	100.00	149,180,508	100.00

②贷款余额的状况（按业务种类区分的贷款状况）（期末余额·构成比）

按业种类别	上次中期统一核算期间		本次中期统一核算期间	
	金额（百万日元）	构成比（%）	金额（百万日元）	构成比（%）
金融业、保险业	4,239	3.39	6,502	3.76
不动产业、物品租赁业	8,909	7.11	6,497	3.76
各种服务业	6	0.01	5	0.00
地方公共团体	5,376	4.29	4,818	2.79
其他	106,701	85.20	155,094	89.69
合计	125,233	100.00	172,918	100.00

③签署本金保本合同信托的运用/受托状况（余额）

金钱信托

科目	上次中期统一核算期间	本次中期统一核算期间
	金额（百万日元）	金额（百万日元）
贷款	25,235	20,489
有价证券	110,834	110,975
其他	1,857,497	5,411,379
资产合计	1,993,567	5,542,844
本金	1,974,284	5,532,965
债权损失计提准备金	75	64
其他	19,207	9,814
负债合计	1,993,567	5,542,844

注：1. 信托财产的运用包含被再信托的信托。

2. 风险管理债权的状况。

上次中期统一核算期间贷款为 25,235 百万日元、破产债权额为 3 百万日元、迟延债权额为 0 百万日元、3 个月以上迟延债权额为 170 百万日元、放宽借出条件债权额为 633 百万日元。

另外，这些债权额的合计额为 808 百万日元。

本次中期统一核算期间贷款为 20,489 百万日元、破产债权额为 3 百万日元、迟延债权额为 0 百万日元、3 个月以上迟延债权额为 5 百万日元、放宽借出条件债权额为 597 百万日元。

另外，这些债权额的合计额为 606 百万日元。

（资产核定）

（参考）

资产核定是指对贷款等各科目，以债务人的财政状态以及经营业绩等为基础作出以下区分。

1. 破产更生债权[①]以及与其相当的债权

破产更生债权以及与其相当的债权是指因申请开始破产手续，更生手续，再生手续，对已陷入经营失败的债务人的债权以及与其相当的债权。

2. 危险债权

危险债权是指债务人没有达到经营失败的状态，但是财政状态以及经营业绩恶化，依据合同不能回收债权的本金以及利息债权的可能性较高的债权。

3. 需管理债权

需管理债权是指 3 个月以上迟延债权以及放宽借出条件的债权。

4. 正常债权

正常债权是指债务人的财政状态以及经营业绩上不存在问题，属于上述 1 至 3 所示债权以外区分的债权。

资产核定额

债权区分	2015 年 9 月 30 日	2016 年 9 月 30 日
	金额（亿日元）	金额（亿日元）
破产更生债权以及与其相当的债权	0	0
危险债权	1	1
需管理债权	6	4
正常债权	244	198

---

① 译者注：日本的破产大体上可分为清算型（破产）与再建型两种，再建主要通过减免债务重整公司经营，其法律依据是《民事再生法》，对于股份有限公司，适用《公司更生法》。在会计处理上，破产更生债权是指，破产债权、再生债权、更生债权以及其他与这些债权相当，在一年内不能回收的债权。

（6）银行业务的情况

①国内、海外各存款余额的情况

各类存款余额（期末余额）

种类	期别	国内	海外	冲抵额（△）	合计
		金额 （百万日元）	金额 （百万日元）	金额 （百万日元）	金额 （百万日元）
存款合计	上次中期统一核算期间	11,768,424	1,596,766	363,411	13,001,780
	本次中期统一核算期间	13,281,718	2,021,342	430,453	14,872,606
流动性存款	上次中期统一核算期间	2,934,610	377,198	25,247	3,286,561
	本次中期统一核算期间	4,941,855	724,425	29,061	5,637,218
定期性存款	上次中期统一核算期间	8,027,996	1,219,529	338,163	8,909,362
	本次中期统一核算期间	7,743,963	1,296,861	401,387	8,639,437
其他	上次中期统一核算期间	805,817	38	—	805,856
	本次中期统一核算期间	595,899	55	4	595,950
应解汇款	上次中期统一核算期间	3,227,400	2,426,369	12800	5,640,969
	本次中期统一核算期间	2,499,110	1,754,359	3,170	4,250,299
合计	上次中期统一核算期间	14,995,824	4,023,136	376,211	18,642,750
	本次中期统一核算期间	15,780,828	3,775,701	433,623	19,122,905

注：1. 国内是指本公司（排除海外店铺）以及国内统一核算子公司。

海外是指本公司以及海外统一核算子公司。

2. 统一核算期间的冲抵额，记载在上栏"冲抵额"中。

3. 流动性存款＝活期存款＋普通存款＋通知存款

4. 定期性存款＝定期存款

②国内、海外各贷款余额的情况

○各业务贷款情况（期末余额、构成比）

各业务	上次统一核算期间		本次统一核算期间	
	金额（百万日元）	构成比（%）	金额（百万日元）	构成比（%）
国内 （排除特殊国际金融交易科目部分）	10,524,478	100.00	11,587,687	100.00
制造业	2,113,179	20.08	1,988,160	17.16
农业，林业	166	0.00	239	0.00
矿业，采石业，沙砾采取业	3,931	0.04	3,190	0.03
建筑业	99,110	0.94	95,369	0.82
电气，天然气，供热，自来水	425,681	4.04	391,753	3.38
信息通信业	216,328	2.05	292,839	2.53
运输业，邮政业	618,485	5.88	584,586	5.05
批发零售业	970,545	9.22	864,825	7.46
金融业，保险业	2,136,238	20.30	2,325,602	20.07
不动产业，物品租赁业	2,428,214	23.07	2,619,820	22.61
各种服务业	143,722	1.37	151,009	1.30
地方公共团体	4,827	0.05	3,469	0.03
其他	1,364,041	12.96	2,266,813	19.56
海外以及特别国际金融交易科目部分	2,476,367	100.00	2,128,089	100.00
政府等	—	—	10,058	0.47
金融机构	1,249,531	50.46	1,209,642	56.84
其他	1,226,835	49.54	908,388	42.69
合计	13,000,845	—	13,715,776	—

注：国内是指本公司（排除海外店铺）以及国内统一核算子公司。

海外是指本公司的海外店铺以及海外统一核算子公司。

○面向外国政府等债权余额（国别）

期别	国别	金额（百万日元）
上次统一核算期间	厄瓜多尔	0
	合计	0
	（关于资产的总额比例：%）	(0.00)
本次统一核算期间	阿根廷	17
	厄瓜多尔	0
	合计	18
	（关于资产的总额比例：%）	(0.00)

注：外国政府等是指，外国政府、中央银行、政府相关部门或者国营企业以及所在国的民间企业等，日本公认会计师协会银行等基于监查特别委员会报告第4号记载特定海外债权交易账目国的外国政府等的债权余额。

③国内、海外分别有价证券的情况

○有价证券期末余额

种类	期别	国内 金额（百万日元）	海外 金额（百万日元）	冲抵额（Δ） 金额（百万日元）	合计 金额（百万日元）
国债	上次统一核算期间	5,888,592	—	—	5,888,592
	本次统一核算期间	5,831,841	—	—	5,831,841
地方债券	上次统一核算期间	144			144
	本次统一核算期间	39,905			39,905
公司债券	上次统一核算期间	291,725			291,725
	本次统一核算期间	571,044			571,044
股票	上次统一核算期间	1,120,902	115	86,291	1,034,725
	本次统一核算期间	1,041,143	136	90,992	950,286
其他证券	上次统一核算期间	5,560,446	2,534,449	54,522	8,040,372
	本次统一核算期间	6,246,392	2,668,890	80,576	8,834,706
合计	上次统一核算期间	12,861,811	2,534,564	140,814	15,255,561
	本次统一核算期间	13,730,327	2,669,026	171,568	16,227,785

注：1. 国内是指本公司（排除海外店铺）以及国内统一核算子公司。

海外是指本公司的海外店铺以及海外统一核算子公司。

2. 关于统一核算公司之间的冲抵额，记载于"冲抵额"中。

3. 其他证券包括外国证券以及外国股票。

（自有资本比例的情况）

（参考）

自有资本比例是指，根据《银行法》第 14 条之 2 的规定，又依据为了使银行参照其保有的资产等判断自有资本的充实情况是否合适所订立的算式，根据统一核算和单体核算的双方所得。

本公司在使用国际统一基准的同时，利用先进的内部定格法得出信用风险以及资产；而在操作风险相当额方面采用了先进测量方法，并导入了市场、风险规则。

统一核算自有资本比例（国际统一基准）

（单位：亿日元、%）

	2016 年 9 月 30 日
1. 统一核算自有比例（4/7）	20.43
2. 统一核算 Tierl 比例（5/7）	17.15
3. 统一核算普通股份等 Tierl 比率（6/7）	16.38
4. 关于统一核算总自有资本额方面	23,598
5. 关于统一核算 tierl 资本额方面	19,814
6. 关于统一核算 Tierl 资本额方面	18,919
7. 风险、资产的金额	115,494
8. 统一核算总所要自有资本额	9,239

单体自有资本比例（国际统一基准）

（单位：亿日元、%）

	2016 年 9 月 30 日
1. 单体自有比例（4/7）	21.81
2. 单体 Tierl 比例（5/7）	18.07
3. 单体普通股份等 Tierl 比率（6/7）	17.17
4. 关于单体总自有资本额方面	23,724
5. 关于单体 tierl 资本额方面	19,656
6. 关于单体 Tierl 资本额方面	18,677
7. 风险、资产的金额	108,745
8. 单体总所要自有资本额	8,699

（资产查定）

（参考）

资产查定是指，基于《关于金融机构的再生紧急措施法律》（1998 年法律第 132 号）第六条规定，本公司的中期负债表的有价证券中的公司债务［对于保有该公司债务的金融机关其本金的偿还以及利息的支付的全部或是一部分的事项，公司债务的发行仅限《金融商品交易法》（1948 年法律第 25 号）第二条第三项规定的有价证券的私募事项］，贷款，外国汇兑，其他资产中的未收取利息以及临时支付款项，支付抵押承诺的各账目上所记载的资产，并根据记注在中期负债表的事项的有价证券（限于使用借贷或者借贷租赁契约事项）的借出场合的有价证券把债务者的财政状态以及经营成果等为基础区分为以下几种债权。

1. 破产更生债权以及与其相当的债权

破产更生债权以及与其相当的债权是指，对根据破产手续开始，更生手续开始，再生手续开始的申报等事由陷入经营困难的债务者的债权以及与其相当的债权。

2. 危险债权

危险债权是指债务者虽未达到经营破产的情形，但财政状态以及经营业绩恶化，并有很高的无法收取契约的债权的本金以及利息的可能性。

3. 需管理债权

需管理债权是指，3 个月以上递延债权以及放宽贷款条件债权。

4. 正常债权

正常债权是指，债务者的财政状态以及经营业绩上无重大问题，是上述 1 ~ 3 的债权以外的债权。

资产查定的金额

债权的区分	2015 年 9 月 30 日	2016 年 9 月 30 日
	金额（亿日元）	金额（亿日元）
破产更生债权以及与其相当的债权	19	19
危险债权	169	88
需管理债权	207	273
正常债权	133, 256	139, 969

2. 生产、订货及销售

生产、订货及销售因银行业务的特殊性，无相应事项，因而未记载。

3. 需要应对的课题

世界经济环境，呈现出以发达国家为中心呈缓慢回升的局面，但以英国决定脱欧等为开端，国际金融市场出现了一时的混乱情形，总体来说，未来发展趋势并不明朗。在此背景下的日本经济虽然呈现出缓慢复苏的端倪，但设备投资一进一退，各地经济依然不容乐观。

在此种局势下，本集团奉行"被世界选择、信赖的全球化金融集团"的方针，MUFG集团的核心企业之一，通过 MUFG 集团的经营战略，一定会发挥信托银行的功能，追求作为综合性金融集团的共同协作功能。

本公司于 2016 年 4 月宣布董事长换届，但如 2017 年 4 月开始的 3 年中期经营计划所公告的，方针名为"你最信赖的银行"以及其要实现的基本方针"面向客户的评价的向上、支持的扩大"、"对新商品、新市场的开拓"以及"高效业务运营"均未改变，继续坚持以被客户、社会以及股东等全体企业利益相关方评价为"最好的"信托银行为目标。

与此同时，严格与国内外各种法律、制度更新相对应，在继续推进彻底依从和提高进一步风险管理的同时，坚守作为信托银行所被要求的高度企业道德，使"三菱 UFJ 信托银行的信义义务"贯彻高管应具有的思维方式和行动模式。

另外，在"三菱 UFJ 信托银行法人、管理方针"下，继续推进法人管理、规则各原则的同时，2016 年 4 月，公司设立了监察委员会，使意思决定变快以及通过活用公司外部视角使董事会的职能得到了强化，通过这些措施，本公司治理较前更加先进了。

加之，需要致力于重视 CSR 经营实践。制定在通过企业活动积极展开应对社会问题以及环境问题的同时，可以贡献于可持续发展社会，实现企业价值一并上升的经营目标。

4. 业务的风险

在上一事业年度的有价证券报告书上记载的"业务等的风险"中，没有投资者会对本公司认识的判断产生重大影响的新事项，或重大变更的可能性。

5. 经营的重要契约

无相应事项。

6. 研究开发活动

无相应事项。

7. 财政状况、经营业绩以及现金流情况

本次中期统一核算期间的财政情况，经营业绩以及现金流情况分析如下所示。

由于记载于本项的关于未来事项是基于截至本次中期统一核算期间期末所判断的，因而会有风险不确定的内因，未来会有与实际结果很大的异变可能性，请留意。

本次中期统一核算期间，从各国经济来看，新兴国经济的减速和日元增值的影响下出口生产面恢复缓慢，个人消费因雇用、收入环境的显著改善坚定地发展，继续呈现缓慢回升的基调。

从金融市场情况来看，继续维持着积极的金融缓和情形，而长期利息则向亏损范围推移。汇兑行市向日元增值方向推移，伴随股价振荡平稳运行。

在此种经营环境下，统一核算业务净利润（一般坏账准备金计提前、信托科目减值损失计提前）相比上一次中期统一核算期间减少 158 亿日元，即为 912 亿日元。

统一核算普通股票等 tier1 比例的最低标准上升 4.5%，即到达 16.38%。

另外，金融再生法所公示的债权比例（银行账目、信托科目合计）为 0.27%。

措施方面，为应对包含痴呆症客户的判断能力的低下，从 2016 年 6 月开始售卖保护重要资金的新型信托产品"解约限制支付信托（未来的守护）"。

又，本次中期统一核算期间，作为重点战略之一的"开展资产管理业务的全球化"的一环收购了海外的基金管理公司。

今后，继续朝着强化本集团综合力量和持续成长，提升经营效率，以强化构筑经营、财产基盘作为目标而努力。

本次中期统一核算期间的主要项目如下所示。

		上次统一核算期间（A）（亿日元）	本次统一核算期间（B）（亿日元）	上次统一核算期间相比（B−A）（亿日元）
信托报酬	①	520	570	50
有关信托科目减值损失计提	②	Δ0	Δ0	Δ0
资金运用收益	③	1,274	1,090	Δ184
资本筹措费用（扣除金钱的信托运用预估费用）	④	363	581	218
业务交易等收益	⑤	1,256	1,296	39
业务交易等费用	⑥	316	327	10
特定交易收益	⑦	134	98	Δ36
特定交易费用	⑧	4	0	Δ3
其他业务收益	⑨	222	305	82
其他业务费用	⑩	360	121	Δ238
统一核算业务毛利（信托科目减值损失计提前）（=①+②+③−④+⑤−⑥+⑦−⑧+⑨−⑩）	⑪	2,363	2,329	Δ34

续表

		上次统一核算 期间（A） （亿日元）	本次统一核算 期间（B） （亿日元）	上次统一 核算期间相比 （B－A）（亿日元）
营业经费（扣除临时费用后）	⑫	1,292	1,416	123
有关商誉减值损失计提额	⑬	5	5	0
统一核算业务净利润（一般坏账准备金计提前、信托科目、商誉减值损失计提前） （＝⑪－⑫＋⑬）		1,076	917	Δ158
合并业务净利润（一般坏账准备进计提前、信托科目减值损失计提前） （＝⑪－⑫）		1,070	912	Δ158
其他经常性费用（一般坏账准备金计提额）	⑭	—	—	—
合并业务净利润（＝⑪－②－⑫－⑭）		1,070	912	Δ158
其他经常性收益	⑮	186	242	55
有关信贷关系费用		—	1	1
有关坏账准备金转入利益		15	16	1
有关计提资产减值损失债权的转回		1	4	2
有关股票等买卖利益		59	151	92
资金筹措费用（取得金钱的信托时筹措资金的费用）	⑯	0	0	Δ0
营业经费（临时费用）	⑰	Δ0	53	53
其他经常性费用（扣除一般坏账准备金计提后）	⑱	103	45	Δ58
有关信贷关系费用		1	5	3
有关偶发型损失坏账准备金计提（信贷关联）		1	Δ1	Δ2
有关股票转让损失		30	8	Δ21
有关股票等注销		10	8	Δ1
临时损益（＝⑮－⑯－⑰－⑱）		82	143	60
经常性利益		1,153	1,055	Δ97
特别损益		Δ5	Δ52	Δ47
有关固定资产处分损益		Δ0	Δ11	Δ11
有关减损损失		Δ5	Δ13	Δ8
有关子公司清算损失		—	Δ27	Δ27
税款等调整前中期净利润		1,148	1,003	Δ145
法人税等合计		297	292	Δ4
中期净利润		851	710	Δ140
非支配股东所有中期净利润		55	56	1
母公司股东所有中期净利润		795	654	Δ141

1. 经营业绩分析

（1）主要收支

统一核算业务毛利（信托科目减值损失计提前）是资金流通收支减少的主要原因，比上次统一核算期间减少 34 亿日元为 2329 亿日元，合并业务净利润（一般坏账准备金计提前、信托科目减值损失计提前）比上次统一核算期间减少 158 亿日元为 912 亿日元。

		上次统一核算期间（A）（亿日元）	本次统一核算期间（B）（亿日元）	上次统一核算期间相比（B－A）（亿日元）
信托报酬	①	520	570	50
有关信托科目减值损失计提	②	Δ0	Δ0	Δ0
资金流通收支	③	911	509	Δ402
资金流通收益		1,274	1,090	Δ184
资金筹措费用（取得金钱的信托时筹措资金的费用）		363	581	218
劳务交易等收支	④	940	968	28
劳务交易等交易		1,256	1,296	39
劳务交易等费用		316	327	10
特定交易收支	⑤	129	97	Δ32
特定交易收益		134	98	Δ36
特定交易费用		4	0	Δ3
其他业务收支	⑥	Δ138	183	321
其他业务收益		222	305	82
其他业务费用		360	121	Δ238
统一核算业务毛利（信托科目减值损失计提前）⑦（＝①＋②＋③＋④＋⑤＋⑥）		2,363	2,329	Δ34
营业经费（扣除临时费用后）⑧		1,292	1,416	123
相关商誉折旧额⑨		5	5	0
统一核算业务净利润（一般坏账准备金计提前、信托科目、商誉减值损失计提前）（＝⑦－⑧＋⑨）		1,076	917	Δ158
统一核算业务净利润（一般坏账准备金计提前，信托科目减值损失计提前）（＝⑦－⑧）		1,070	912	Δ158

（2）信贷关系费用总额

信贷关系费用总额为 18 亿日元盈利，利益相比上次统一核算期间增加 3 亿日元。

		上次统一核算期间（A）（亿日元）	本次统一核算期间（B）（亿日元）	上次统一核算期间相比（B－A）（亿日元）
信托报酬的有关信托科目减值损失计提	①	Δ0	Δ0	Δ0
其他经常性费用的有关一般坏账准备金计提	②	—	—	—
其他经常性费用的有关信贷关系费用	③	1	5	3
贷款		1	3	2
其他的信贷关系费用		0	1	1
其他费用的有关偶发损失坏账准备计提（信贷关联）	④	1	Δ1	Δ2
其他收益的有关信贷关系费用	⑤	—	1	1
其他的信贷关系费用		—	1	1
其他收益的有关坏账准备金转入利益	⑥	15	16	1
其他经常性收益的有关减值损失计提债权转回利益	⑦	1	4	2
信贷关系费用总额（＝①＋②＋③＋④－⑤－⑥－⑦）		Δ14	Δ18	Δ3
统一核算业务净利润（一般坏账准备金计提前、信托科目减值损失计提前）		1,070	912	Δ158
统一核算业务净利润（扣除信贷关系费用总额后）		1,085	930	Δ154

（3）股票等关联损益

股票等关联损益是根据股票等转让盈余的增加，股票等转让损益的减少等，比上次统一核算期间增加 115 亿日元，达 134 亿日元。

	上次统一核算期间（A）（亿日元）	本次统一核算期间（B）（亿日元）	上次统一核算期间相比（B－A）（亿日元）
股票等相关损益	19	134	115
其他收益的有关股票等转让盈利	59	151	92
其他经常性费用的有关股票等转让损失	30	8	Δ21
其他费用的有关股票的注销	10	8	Δ1

2. 财政状态的分析

（1）贷款

贷款比上次统一核算年度增加 3658 亿日元，即 13 兆 7157 亿日元。

	上次统一核算 年度（A）（亿日元）	本次统一核算 期间（B）（亿日元）	相比上次统一核算 期间（B）－（A）（亿日元）
贷款余额（期末余额）	133,499	137,157	3,658
海外分店（单体）	18,231	16,280	△1,951
住宅贷款（单体）	13,611	13,598	△12

○风险管理债权的情况

风险管理债权（排除信托科目）比上次统一核算期间减少 51 亿日元，为 384 亿日元。

债权区分中递延债权额减少 224 亿日元，贷款条件放宽债权额增加 172 亿日元。

关于贷款余额金风险管理债权（排除信托科目）的比例，与上次统一核算期间相比下降 0.04%，为 0.28%。

（统一核算）

部分直接减值损失计提后

未收取利息不计入基准（资产的自身查定基准）

		上次统一核算 年度（A）（亿日元）	本次统一核算 期间（B）（亿日元）	相比上次统一核算 期间（B）－（A）（亿日元）
风险管理债权	破产债权额	5	5	0
	递延债权额	329	105	△224
	3 个月以上递延债权额	2	2	△0
	贷款条件放宽债权额	98	271	172
	合计	435	384	△51

贷款金余额（期末余额）		133,499	137,157	3,658

		上次统一核算 年度（A）（亿日元）	本次统一核算 期间（B）（亿日元）	相比上次统一核算 期间（B）－（A）（亿日元）
贷款余额比例	破产债权额	0.00	0.00	0.00
	递延债权额	0.24	0.07	△0.16
	3 个月以上递延债权额	0.00	0.00	△0.00
	贷款条件放宽债权额	0.07	0.19	0.12
	合计	0.32	0.28	△0.04

○风险管理债权的分区报告

各地域分区报告

（统一核算）

	上次统一核算年度 （A）（亿日元）	此次中期统一核算期间 （B）（亿日元）	上次统一核算年度比 （B）－（A）（亿日元）
国内	435	384	Δ50
海外	0	—	Δ0
亚洲	—	—	—
美洲	0	—	Δ0
欧洲、中东、近东、其他	—	—	—
合计	435	384	Δ51

注：国内、海外是以债务人所在地划分的。

业务种类分区报告

（统一核算）

	上次统一核算年度 （A）（亿日元）	此次中期统一核算期间 （B）（亿日元）	上次统一核算年度比 （B）－（A）（亿日元）
国内	435	384	Δ50
制造业	248	223	Δ24
建筑业	6	6	Δ0
批发零售业	13	14	0
金融保险业	—	—	—
不动产，物品租赁业	85	74	Δ10
各种服务业	2	2	Δ0
其他	3	3	Δ0
消费者	75	60	Δ15
海外	0	—	Δ0
金融机构	—	—	—
工商业	—	—	—
其他	0	—	Δ0
合计	435	384	Δ51

注：国内、海外是以债务者所在地划分的。

（参考）本金保本信托贷款的风险管理债权
○风险管理债权的状况
（信托科目）
直接转销（实施后）
递延债权基准（递延期间基准）

		上次统一核算 年度（A）（亿日元）	本次统一核算 期间（B）（亿日元）	相比上次统一核算 期间（B）－（A）（亿日元）
风险管理债权	破产债权额	0	0	Δ0
	递延债权额	0	0	Δ0
	3 个月以上递延债权额	0	0	—
	贷款条件放宽债权额	6	5	Δ0
	合计	6	6	Δ0
贷款余额（期末余额）		231	204	Δ26

（统一核算、信托科目合计）

		上次统一核算 年度（A）（亿日元）	本次统一核算 期间（B）（亿日元）	相比上次统一核算 期间（B）－（A）（亿日元）
风险管理债权	破产债权额	5	5	0
	递延债权额	329	105	Δ224
	3 个月以上递延债权额	2	2	Δ0
	贷款条件放宽债权额	104	277	172
	合计	441	390	Δ51
贷款余额（期末余额）		133,730	137,362	3,631

		上次统一核算 年度（A）（%）	本次统一核算 期间（B）（%）	相比上次统一核算 期间（B）－（A）（%）
贷款余额比例	破产债权额	0.00	0.00	0.00
	递延债权额	0.24	0.07	Δ0.16
	3 个月以上递延债权额	0.00	0.00	Δ0.00
	贷款条件放宽债权额	0.07	0.20	0.12
	合计	0.33	0.28	Δ0.04

○风险管理债权的分区报告
各地域分区报告

	上次统一核算年度 （A）（亿日元）	本次统一核算期间 （B）（亿日元）	相比上次统一核算期间 （B）－（A）（亿日元）
国内	6	6	Δ0

各业务分区报告
（信托科目）

	上次统一核算年度 （A）（亿日元）	本次统一核算期间 （B）（亿日元）	相比上次统一核算期间 （B）－（A）（亿日元）
国内	6	6	Δ0
制造业	—	—	—
建筑业	—	—	—
批发零售业	—	—	—
金融业、保险业	—	—	—
不动产业、物品租赁业	5	5	Δ0
各种服务业	—	—	—
其他	—	—	—
消费者	0	0	Δ0
合计	6	6	Δ0

（参考）金融再生法公示债权的情况

下列所示为金融再生法公示债权以及金融债权法公开区分（坏账）准备以及保全状况。

金融再生法公示债权比上次统一核算年度减少50亿日元，为387亿日元。

债权区分比破产更生债权以及与其相当债权的横向走势，危险债权减少222亿日元，需管理债权增加了172亿日元。结果，公示债权比例比上次统一核算年度低0.04%，即0.27%。

公示债权的保全情况，公示债权合计387亿日元，依据坏账准备金保全为120亿日元，依据担保、保证等的保全额为194亿日元，公示债权全体的保全率为81.06%。

债权区分别的保全率，破产更生债权以及与其相当债权为100%，危险债权为91.91%，需管理债权为76.24%。

金融再生法公示债权（银行科目、信托科目合计）

债权区分	公示余额 （A）（亿日元）	坏账准备金 （B）（亿日元）	有关担保、保证等保全额（C）（亿日元）	保全率［（B）＋（C）］／（A）（%）
破产更生债权以及 与其相当的债权	19 (19)	0 (0)	19 (19)	100.00 (100.00)
危险债权	89 (312)	5 (102)	77 (169)	91.91 (87.03)
需管理债权	278 (106)	114 (42)	97 (33)	76.24 (71.39)
小计	387 (438)	120 (144)	194 (222)	81.06 (83.83)
正常债权	140,168 (136,394)	—	—	—
合计	140,556 (136,833)	—	—	—
公示债权比例（%）	0.27 (0.32)	—	—	—

注：上面数字是本次中期统一核算期间的计数，下面数字（括号中内容）记载的是上次统一核算年度的计数。

（2）有价证券

有价证券比上次统一核算年度减少 1 兆 2,004 亿日元，为 16 兆 2,277 亿日元。

	上次统一核算年度 （A）（亿日元）	本次中期统一核算期间 （B）（亿日元）	相比上次统一核算期间 （B）－（A）（亿日元）
有价证券	174,282	162,277	Δ12,004
国债	64,595	58,318	Δ6,276
地方债券	398	399	0
公司债券	5,658	5,710	51
股票	10,009	9,502	Δ506
其他证券	93,621	88,347	Δ5,274

注：其他证券包含外国债券和外国股票。

（3）递延税金资产

递延税金资产的净额比上次统一核算年度增加 53 亿日元，为 2,314 亿日元。

究其发生原因，是因为其他有价证券评估差额的递延税金负债的减少。

	上次统一核算年度 （A）（亿日元）	本次中期统一核算期间 （B）（亿日元）	相比上次统一核算期间 （B）－（A）（亿日元）
递延税金资产的净额	Δ2,368	Δ2,314	53

发生原因明细

	上次统一核算年度 （A）（亿日元）	本次中期统一核算期间 （B）（亿日元）	相比上次统一核算期间 （B）－（A）（亿日元）
递延税款资产（单体）	611	587	Δ24
递延套期保值损益	298	254	Δ43
退休给付信托运营利益	148	159	11
坏账准备金	124	118	Δ6
有价证券减值损失计提（应缴税）部分	105	107	2
其他	310	340	29
备抵计价	Δ375	Δ393	Δ18
递延税款负债（单体）	3,154	3,081	Δ73
其他有价证券评估差额金	2,598	2,518	Δ79
退休给付准备金	440	454	13
其他	115	107	Δ7
递延税款资产的净额（单体）	Δ2,543	Δ2,494	49

（4）存款

存款比上次统一核算年度增加 1 兆 1,619 亿日元，为 14 兆 8,726 亿日元。

	上次统一核算年度 （A）（亿日元）	本次中期统一核算期间 （B）（亿日元）	相比上次统一核算期间 （B）－（A）（亿日元）
存款	137,106	148,726	11,619
海外分店（单体）	12,584	12,731	147
国内个人存款（单体）	79,099	76,699	Δ2,400
其他国内法人存款（单体）	40,296	54,773	14,476

注："国内个人存款（单体）"以及"其他国内法人存款（单体）"是扣除国际特别金融交易科目所得。

（5）净资产区分

净资产区分合计比上次统一核算年度减少 256 亿日元，为 2 兆 4,445 亿日元。

利润盈余是中期净利润的积攒是主因，比上次统一核算年度相比增加 140 亿日元，达到 1 兆 292 亿日元。其他有价证券差额金，由于股价下跌，比上次统一核算年度相比减少 222 亿日元，为 5,939 亿日元。

	上次统一核算年度（A）（亿日元）	本次中期统一核算期间（B）（亿日元）	相比上次统一核算年度（B）－（A）（亿日元）
资产净值合计	24,701	24,445	Δ256
基金	3,242	3,242	—
基金盈余	4,374	4,374	—
利润盈余	10,152	10,292	140
其他有价证券差额金	6,162	5,939	Δ222
汇兑换算调整科目	173	Δ50	Δ224
非支配股东份额	1,734	1,1,625	Δ108

3. 现金流状况分析

记载于［第 2 业务情况 1 业绩概况（现金流）］中。

4. 统一核算自有资本比率（国际统一基准）

总自有资本的金额，虽中期净利润不断积累，但其他全面收益累计额则在减少，比上次统一核算年度减少 112 亿日元，为 2 兆 3,598 亿日元。

风险资产额比上次统一核算年度减少 3,188 亿日元，为 11 兆 5,494 亿日元。

总体而言，总自有资本比率比上次年度核算上升 0.45%，即 20.43 %，Tier1 比率，比上次统一核算相比上升 0.33%，即 17.15 %，普通股份等 Tier1 比率，比上次年度核算相比上升 0.36%，即 16.38 %。

	上次统一核算年度（A）（亿日元）	本次中期统一核算期间（B）（亿日元）	相比上次统一核算年度（B）－（A）（亿日元）
总自有资本额①	23,710	23,598	Δ112
Tier1 资本额②	19,966	19,814	Δ151
普通股票等 Tier1 资本额③	19,006	18,919	Δ87
风险投资额④	118,683	115,494	Δ3,188
总自有资本比率（%）①/④	19.97	20.43	0.45
Tier1 比率（%）②/④	16.82	17.15	0.33
普通股票等 Tier1 比率（%）③/④	16.01	16.38	0.36

注：自有资本比率，基于《银行法》第 14 条之 2 的规定，根据 2006 年《金融厅告示第 19 条号》所规定的计算公示，适用国际统一基准，计算得出。

三、设备状况

1. 主要设备状况

本次中期统一核算期间，主要设备无重大异动。

2. 新设设备、清除设备

本次中期统一核算期间，上次统一核算年度末期所计划的重要设备的新设和维修无重大变更。

本次中期统一核算期间中需要确定的重要设备的新设和维修以及更改计划如下表所示。

企业名称	其他店铺名称	所在地	区分	设备内容	投资预定金额（百万日元）		资金筹措方法	开始年月	完成预定年月
					总额	应付额			
本公司	J塔	东京都府中市	新设	事务所	1,595	—	自有资金	2017 年 1 月	2017 年 8 月
本公司	港南中心以及其他	东京都港区以及其他	新设·改修	重建零售业务（导入工作流程图）	2,199	317	自有资金	2016 年 9 月	2018 年 3 月
本公司	港南中心以及其他	东京都港区以及其他	新设·改修	海外店铺导入新会计（对应纽约支店）	2,968	501	自有资金	2016 年 9 月	2018 年 6 月
三菱 UFJ 不动产贩卖（株）	三菱东京UFJ 银行千叶中心	千叶县印西市	新设	网络安全对策强化	1,240	0	自有资金	2016 年 4 月	2018 年 2 月

注：1. 上述设备计划的记载金额，不含消费税及地方消费税。

2. 本公司以及统一核算子公司，资产不对各部门进行分配，故省略各部门相关信息的记载。

四、公司股票状况

1. 股票状况

（1）股票总数等

①股票总数

种类	发行可能股份总数（股）
普通股票	4,500,000,000
第一回第四种优先股票	80,000,000（注）
第二回第四种优先股票	80,000,000（注）
第三回第四种优先股票	80,000,000（注）
第四回第四种优先股票	80,000,000（注）
第一回第五种优先股票	80,000,000（注）
第二回第五种优先股票	80,000,000（注）
第三回第五种优先股票	80,000,000（注）
第四回第五种优先股票	80,000,000（注）
第一回第六种优先股票	80,000,000（注）
第二回第六种优先股票	80,000,000（注）
第三回第六种优先股票	80,000,000（注）
第四回第六种优先股票	80,000,000（注）
合计	4,580,000,000

注：第一回乃至第四回第四种优先股票，第一回乃至第四回第五种优先股票，第一回乃至第四回第六种优先股票的可发行股票总数的合并不超过 80,000,000 股。

②已发行股票

种类	截至中期统一核算期末发行股数（股）（2016 年 9 月 30 日）	截至提出日发行股数（股）（2016 年 11 月 29 日）	上市金融商品交易所名或注册认可金融商品交易协会名	内容
普通股票	3,399,187,203	同左	非上市、非注册	（注）
合计	3,399,187,203	同左	—	—

注：构成一个交易的单元股数为 1,000 股，拥有表决权。

（2）新股预约权的状况

无相应事项。

（3）附价格修正条款新股预约权的公司债券等的行使状况

无相应事项。

（4）权利计划

无相应事项。

（5）已发行股份总数，资本金等状况

	已发行股份总数增减数（千股）	已发行股份总数余额（千股）	资本金增减额（百万日元）	资本金余额（百万日元）	资本准备金增减额（百万日元）	资本准备金余额（百万日元）
2016 年 9 月 30 日	—	3,399,187	—	324,279	—	250,619

（6）大股东的状况

姓名或名称	地址	所有股份总数	已发行股份总数对所有股份的比例
株式会社三菱 UFJ 集团	东京都千代田区丸内 2－7－1	3,399,187	100.00

（7）表决权的情况
①发行股票

（截至 2016 年 9 月 30 日）

区分	股票数	表决权的数量（个）	内容
无表决权股票	—	—	—
表决权限制股票（自持股票等）	—	—	—
表决权限制股票（其他）	—	—	—
完全表决权股票（自持股票等）	—	—	—
完全表决权股票（其他）	普通股票 3,399,187,000	3,399,187	内容如 1（股票等状况）中（1）股票总数等中所记载
未满单元股票	普通股票 203	—	内容如 1（股票等状况）中（1）股票总数等中所记载
发行股票总数	3,399,187,203	—	—
股东的表决权	—	3,399,187	—

②自持股票等
无相应事项。

2. 股价变动

无相应事项。
本公司股票，未在金融商品交易所上市。
又，作为店头买卖有价证券未在认可金融商品交易业协会登录。

3. 高级管理人员情况

上次统一核算年度的有价证券报告书提出之后，本次半期报告书之间高级管理人员变动如下。

（1）新人高级管理人员
无相应事项。

（2）退休高级管理人员

岗位名称	职名	姓名	退休时间
社长，监事等委员	—	隆岛唯夫	2016 年 9 月 27 日

（3）职位异常变动
无相应事项。

（4）变动后的职员的男女人数以及女性比例
男性 19 名、女性 0 名（占职员中有关女性的比例为 0%）

五、财务会计报告

1. 本公司的中期统一核算财务诸表，是基于《中期统一核算财务诸表的用语，样式以及作成方法相关规则》（1999 年大藏省令第 24 号）作成的，但资产以及负债的分类和收益及其费用的分类是根据银行法实施细则（1982 年大藏省令第 10 号）作成的。

2. 本公司的中期财务诸表，是基于"中期财务诸表等的用语，样式以及作成方法有关规则"（1977 年大藏省令第 38 号）作成的，但资产以及负债的分类和收益及其费用的分类是根据【银行法实施细则】（1982 年大藏省令第 10 号）作成的。

3. 本公司，基于《金融商品交易法》第 193 条之 2 的第 1 项规定，对中期统一核算期间（自 2016 年 4 月 1 日至 2016 年 9 月 30 日）的中期统一核算财务诸表以及中期核算期间（自 2016 年 4 月 1 日至 2016 年 9 月 30 日）的中期财务诸表，受有限责任监察法人托马斯的中期监察。

1. 中期统一核算财务诸表

（1）中期统一核算财务诸表
①中期统一核算资产负债表

（单位：百万日元）

	上次统一核算年度 （2016 年 3 月 31 日）	本次中期统一核算期间 （2016 年 9 月 30 日）
部分资产		
现金存款金	※7　11, 203, 548	※7　9, 945, 144
短期贷款及买入票据	240, 231	13, 622
支付借贷交易保证金	946, 860	—
买入金钱债权	523	18, 985
特定交易资产	373, 159	555, 967
金钱信托	13, 040	12, 892
有价证券	※1, ※2, ※7, ※14　17, 428, 272	※1, ※2, ※7, ※14　16, 227, 785
贷款	※2, ※3, ※4, ※5, ※6, ※7, ※8, ※9　13, 349, 955	※2, ※3, ※4, ※5, ※6, ※7, ※8, ※9　13, 715, 776
外国汇兑	36, 875	49, 378
其他资产	893, 408	1, 020, 070
有形固定资产	※10, ※11　182, 380	※10, ※11　185, 372
无形固定资产	125, 059	121, 242
退休给付相关资产	205, 319	215, 363
递延税款资产	2, 718	4, 072
返还支付保证金	722, 389	405, 939
坏账准备金	Δ37, 768	Δ34, 724
资产区分合计	45, 685, 976	42, 456, 889

（单位：百万日元）

	上次统一核算年度 （2016 年 3 月 31 日）	本次中期统一核算期间 （2016 年 9 月 30 日）
负债的区分		
存款	※7　13,710,615	※7　14,872,606
定期存单	4,568,723	4,250,299
短期贷款及买入票据	193,932	674,182
其中（买入）回购协议应付款	※7　5,205,060	※7　5,289,109
受领的债券借贷交易担保金	※7　227,019	※7　1,229,262
商业票据	628,243	395,055
特定交易负债	150,560	148,504
借款	※7、※8、※12　2,006,477	※7、※8、※12　2,001,581
外国汇兑	28	82
短期公司债券	126,993	533,999
公司债券	※13　847,129	※13　824,732
信托科目借人	13,296,033	8,101,288
负债	1,267,552	1,024,136
奖金准备金	8,320	7,751
高级管理人员奖金准备金	55	90
股份给付准备金	—	452
退休给付相关负债	4,321	4,848
高级管理人员退休慰问准备金	275	253
偶发损失准备金	8,201	8,343
递延税款负债	239,541	235,526
再评估递延税款负债	※10　4,336	※10　4,336
支付承诺	※7　722,389	※7　405,939
负债区分合计	43,215,809	40,012,381
纯资产部分		
资本金	324,279	324,279
资本盈余	437,438	437,438
利润盈余	1,015,211	1,029,270
股东资本合计	1,776,929	1,790,988
其他有价证券评估差额金	616,241	593,971
递延套期保值损益	Δ69,839	Δ59,620
土地再评估差额金	※10　Δ3,305	※10　Δ1,492
汇率兑换调整科目	17,312	Δ5,099
关于退休给付调整额	Δ40,610	Δ36,831
其他全面收益合计累积额	519,798	490,927
非控股股东份额	173,438	162,591
纯资产区分合计	2,470,166	2,444,507
负债以及净资产额区分合计	45,685,976	42,456,889

②中期统一核算损益计算书以及中期合并全面收益计算书
中期统一核算损益计算书

（单位：百万日元）

	上次中期统一核算期间 （自 2015 年 4 月 1 日 至 2015 年 9 月 30 日）	本次中期统一核算期间 （自 2016 年 4 月 1 日 至 2016 年 9 月 30 日）
经常性收益	359,472	360,217
信托报酬	52,029	57,046
资金运用收益	127,469	109,036
（其中贷款）	45,205	46,001
（其中有价证券分红）	78,509	57,407
业务交易等收益	125,682	129,610
特定交易等收益	13,416	9,808
其他业务收益	22,214	30,500
其他经常性利润	※1 18,661	※1 24,215
经常性费用	244,136	254,669
资金筹措费用	36,312	58,131
（其中存款利息）	11,364	10,959
业务交易等费用	31,675	32,711
特定交易等费用	444	72
其他业务费用	36,037	12,187
营业经费	129,276	147,059
其他一般费用	※2 10,390	※2 4,507
一般利益	115,336	105,547
特别利益	11	36
固定资产处分利益	11	36
特别损失	523	5,284
固定资产处分损失	15	1,171
减损损失	508	1,339
子公司清算损失	—	2,773
税款调整前中期净利润	114,824	100,300
法人税、居民税以及营业税	28,446	31,204
法人税等调整额	1,265	Δ1,965
法人税等合计	29,712	29,239
中期净利润	85,111	71,060
归属非控股股东中期净利益	5,517	5,620
归属母公司股东中期净利益	79,594	65,439

中期统一核算全面收益计算书

（单位：百万日元）

	上次中期统一核算期间 （自 2015 年 4 月 1 日 至 2015 年 9 月 30 日）	本次中期统一核算期间 （自 2016 年 4 月 1 日 至 2016 年 9 月 30 日）
中期净全面收益	85,111	71,060
其他包括全面收益		
其他有价证券评价估额金	Δ139,324	Δ22,553
递延套期保值损益	3,756	10,221
土地再评估差额金	11	—
汇兑换算调整科目	1,446	Δ13,387
退休给付调整额	Δ616	3,565
对适用份额法公司的持有份额	Δ821	Δ9,957
其他全面收益合计	Δ135,547	Δ32,111
中期全面收益	Δ50,435	38,949
细目		
母公司股东的中期全面收益	Δ55,231	34,755
非控股股东中期全面收益	4,795	4,193

③中期统一核算股东资本变动计算书

上次中期统一核算期间（自 2015 年 4 月 1 日至 2015 年 9 月 30 日）

（单位：百万日元）

	股东资本				其他包括利润累计额	
	资本金	资本盈余金	利润盈余金	股东资本合计	其他有价证券评估差额金	递延套期保值损益
本期期首余额	324,279	416,897	930,566	1,671,743	668,532	Δ59,956
本次中期变动额						
新股的发行		9,768		9,768		
盈余金的分配			Δ35,472	Δ35,472		
归属母公司股东的中期净利润			79,594	79,594		
统一核算子公司份额增减		10,772		10,772		
股本资本以外的项目的本次中期变动额（净额）					Δ138,026	3,598
本次中期变动额合计	—	20,540	44,121	64,662	Δ138,026	3,598
本次中期期末余额	324,279	437,438	974,687	1,736,405	530,506	Δ56,358

（单位：百万日元）

	其他全面收益累计额				非控股股东份额	净资产合计
	土地再评估差额金	汇兑换算调整科目	退休给付调整累计额	其他全面收益累计额		
本期期首余额	Δ3,237	21,161	22,246	648,746	147,754	2,468,243
本次中期变动额						
新股的发行						9,768
盈余金的分配						Δ35,472
归属母公司股东的期净利益						79,594
统一核算子公司份额增减						10,772
股本资本以外的项目的本次中期变动额（净额）	11	576	Δ637	Δ134,477	22,340	Δ112,137
本次中期变动额合计	11	576	Δ637	Δ134,477	22,340	Δ47,474
本次中期期末余额	Δ3,226	21,737	21,609	514,268	170,094	2,420,769

本次中期统一核算期间（自 2016 年 4 月 1 日至 2016 年 9 月 30 日）

（单位：百万日元）

	股东资本				其他全面收益累计额	
	资本金	资本盈余	利润盈余	股东资本合计	其他有价证券评估差额	递延套期保值损益
本期期首余额	324,279	437,438	1,015,211	1,776,929	616,241	Δ69,839
本次中期变动额						
盈余金的分配			Δ49,567	Δ49,567		
归属母公司股东的中期净利润			65,439	65,439		
土地评估差额金的拆补			Δ1,813	Δ1,813		
股本资本以外的项目的本次中期变动额（净额）					Δ22,270	10,219
本次中期变动额合计	—	—	14,059	14,059	Δ22,270	10,219
本次中期期末余额	324,279	437,438	1,029,270	1,790,988	593,971	Δ59,620

（单位：百万日元）

	其他全面收益累计额				非控股股东份额	净资产合计
	土地再评估差额金	汇兑换算调整科目	退职给付调整累计额	其他全面收益累计额		
本期期首盈余	Δ3,305	17,312	Δ40,610	519,798	173,438	2,470,166
本次中期变动额						
盈余金的股利						Δ49,567
归属母公司股东的中期净利润						65,439
土地评估差额金的拆补						Δ1,813
股东资本以外的项目的本次中期变动额（净额）	1,813	Δ22,412	3,779	Δ28,870	Δ10,847	Δ39,718
本次中期变动额合计	1,813	Δ22,412	3,779	Δ28,870	Δ10,847	Δ25,658
本次中期期末余额	Δ1,492	Δ5,099	Δ36,831	490,927	162,591	2,444,507

④中期统一核算现金流计算书

（单位：百万日元）

	上次中期统一核算期间 （自 2015 年 4 月 1 日 至 2015 年 9 月 30 日）	本次中期统一核算期间 （自 2016 年 4 月 1 日 至 2016 年 9 月 30 日）
因营业活动产生的现金流		
税金等调整前中期净利润	114,824	100,300
折旧费	15,725	16,764
减值	508	1,339
商誉折旧额	531	535
根据份额法的投资损益（Δ利益）	Δ5,853	Δ2,391
坏账准备金的增减（Δ）	Δ4,476	Δ3,044
奖金准备金的增减额（Δ是减少）	20	Δ410
高级管理人员等奖金准备金的增减额（Δ是减少）	Δ50	35
股票给付准备金的增减额（Δ是减少）	—	452
退休给付资产的增减额（Δ是增加）	Δ11,284	Δ9,328
退休给付负债增减额（Δ是减少）	Δ248	526
高级管理人员退休金准备金的增减额（Δ是减少）	12	Δ22
偶发损失准备金的增减（Δ）	600	187
资金运用收益	Δ127,469	Δ109,036
资金筹措费用	36,312	58,131
有价证券相关损益（Δ）	174	Δ27,945
金钱的信托的运用损益（Δ利益）	113	127
汇兑差损益（Δ利益）	Δ113,369	924,271
固定资产处分损益（Δ利益）	4	1,134
子公司清算损益（Δ利益）	—	2,773
特定交易资产的净增（Δ）减	970	Δ183,272
特定交易负债的净增减（Δ）	Δ1,737	Δ1,683
贷款净增（Δ）减	Δ355,552	Δ368,956
存款净增减（Δ）	173,677	1,238,585
固定存单的增减（Δ）	815,890	Δ318,424
借款（付劣后约定的借款除外）的净增减少（Δ）	63,431	1,547
临时存款（不含等同于现金之物）的净增（Δ）减	Δ16,209	282,483
短期借款等的净增（Δ）减	78,667	208,147
支付债券借款交易保证金的净增（Δ）减	—	946,860
拆息等纯增减（Δ）	Δ1,711,044	564,298
商业票据的净增减（Δ）	276,273	Δ233,188
受领的债券贷款交易担保金的增减（Δ）	Δ131,480	1,002,243
外国汇兑（资产）的净增（Δ）减	Δ7,491	Δ12,503
外国汇兑（负债）的净增减（Δ）	Δ3,097	54
短期公司债券（负债）的净增减（Δ）	Δ20,002	407,006
普通公司债券发行以及根据减值损失计提的增减（Δ）	18,988	Δ22,396
信托科目借入的净增减（Δ）	637,394	Δ5,194,744
资金运用收入	145,154	150,374
资金筹措支出	Δ36,496	Δ60,774
其他	18,879	Δ41,213
小计	Δ147,709	Δ681,154
法人税等支付额	Δ53,817	Δ28,606
因营业活动产生的现金流	Δ201,526	Δ709,761

（单位：百万日元）

	上次中期统一核算期间 （自 2015 年 4 月 1 日 至 2015 年 9 月 30 日）	本次中期统一核算期间 （自 2016 年 4 月 1 日 至 2016 年 9 月 30 日）
因投资活动产生的现金流		
取得有价证券的支出	Δ3,187,034	Δ4,867,016
出售有价证券所的收入	3,736,674	2,575,992
回赎有价证券所的收入	1,075,135	2,259,272
因金钱的信托的增加支付的支出	Δ230	—
金钱的信托的减少所获得的收入	230	0
取得有形固定资产的支出	Δ12,216	Δ8,624
出售有形固定资产所得	—	56
取得无形固定资产的支出	Δ12,917	Δ14,505
取得变更统一核算范围的子公司股票的支出	—	Δ4,153
其他	Δ2	Δ114
因投资活动产生的现金流	1,599,640	Δ59,092
因财务活动产生的现金流		
附劣后约定借款收入		5,000
清偿附劣后约定借款支出	Δ5,000	Δ10,000
回赎附劣后约定借款支出	Δ2,000	—
红利支付额	Δ35,472	Δ49,254
向非控股股东股支付红利	Δ3,952	Δ15,041
取得不变更统一核算范围子公司股份的支出	Δ174	—
因财务活动产生的现金流	Δ46,599	Δ69,295
现金以及等同于现金之物换算差额	Δ159	Δ79,818
现金以及等同于现金之物的增减额（Δ 是减少）	1,351,354	Δ917,968
现金以及等同于现金之物的期首余额	5,334,244	10,346,133
统一核算子公司的合并产生现金以及等同于现金之物的增减额（Δ 是减少）	34,913	—
现金以及等同于现金之物的中期期末余额	※　16,720,512	※　19,428,165

【注意事项】

（中期统一核算财务诸表做成的基本重要事项）

1. 关于统一核算范围的事项

（1）统一核算子公司52个

（2）非统一核算子公司

　　无该当事项

（3）以自己的名义计算持有其他公司过半数表决权，但未将其作为子公司处理的公司名称。

股份有限公司哈依吉亚

（未将其作为子公司处理的理由）

为了受益人的利益，在土地信托业务中以信托建筑管理为目的设立的管理公司。所以，将其纳入旗下不是其设立初衷，因此没有作为子公司处理。

2. 关于份额法适用的事项

（1）份额法适用的非统一核算子公司

　　无相应事项

（2）适用份额法的关联公司13个

　　主要公司名称

Aberdeen Asset Management PLCAMP Capital Holdings Limited

（份额法适用范围的变更）

根据追加出资，在本期统一核算期间有一家公司包括在份额法适用范围内。

（3）不适用份额法的非统一核算子公司

　　无相应事项

（4）不适用份额法的关联公司

　　无相应事项

（5）以自己的名义计算持有其他的公司等的表决权的百分之二十以上百分之十五以下但未将其作为关联公司处理的公司的名称。

无相应事项。

3. 关于统一核算子公司的中期决算日等事项

（1）统一核算子公司的中期决算日按照以下所示。

6月30日　　34社

7月24日　　1社

9月30日　　17社

（2）统一核算子公司，在各自中期决算日的中期财务诸表中，对中期统一核算日和上述中期决算日之间发生的重要交易，进行了必要调整。

4. 会计方针

（1）关于特定交易资产、负债的评价标准以及收益、费用的计算标准

利用利息、通货价格，基于金融商品市场的行情和其他的指标的短期变动、市场之间的差异等获得利润为目的（以下简称"特定交易目的"）的交易，以交易约定的时点为基准，计入中期统一核算资产负债表"特定交易资产"以及"特定交易负债"科目的同时，从该

笔交易中产生损益（利息，出售损益以及评估损益）计入中期统一核算损益结算书中"特定交易收益"以及"特定交易费用"科目。特定交易资产以及特定交易负债评估，按照市值法①计算。

（2）有价证券的评估基准以及评估方法

①有价证券的评估，满期持有债券根据移动平均法摊余成本法（定额法），关于其他有价证券，原则上根据中期统一核算日的市场价格等基础的市值法（销售原价根据移动平均法计算）。但是，把握市值是极为困难的，根据移动平均法的成本法进行计算。

另外，其他有价证券的评估差额，除了适用公允价值套期能反映其损益的金额外，依据全部纯资产直入法②进行处理。

②对作为以运用有价证券为主要目的单独运用的金钱的信托的信托财产的有价证券的评估，适用市值法。

（3）衍生品交易的评估基准以及评估方法

衍生品交易的评估（除去特定交易目的的交易），原则上依据市值法。

（4）固定资产的减值摊销方法

①有形固定资产（除去租赁资产）

有形固定资产，主要以定率法摊销，年折旧预算金额根据期间按比例计入。

另外，主要的耐用年限如下表所示。

| 建筑物 | 15 ~ 50 年 |
| 其他 | 4 ~ 15 年 |

②无形固定资产（除去租赁资产）

无形固定资产，按照定额法摊销。

又，关于本公司自己使用的软件，本公司以及统一核算子公司制定的利用可能期间（一般为 5 年），商誉依据其效果波及期间进行摊销。

③租赁资产

转移所有权以外的与金融、租赁交易相关的"有形固定资产"以及"无形固定资产"中的租赁资产，使用租赁期间作为其耐用年数依据定额法摊销。另外，对于剩余价值额，如租赁契约中对剩余价值保证有约定的按约定，除此以外的剩余价值是零。

（5）坏账准备金的计提基准

本公司以及国内统一核算子公司的坏账准备金，根据预先制定的资产的自我评定标准以及摊销、准备金的标准，进行如下计提。

关于因破产、特别清算、票据交易所中受到停止交易的处分等、对以法律上、形式上出现经营失败的事实的债务人对应债权以及实质上已经陷入经营失败的债务人所对应的债权。从下列直接减额后的账面价值中扣除实现担保可能得到的金额及因保证可能回收的且被认可的金额，计算出剩余金额。今后，对可能会陷入经营破产的债务人的债权（以下简称破产风险人），不能合理估算回收债权的本金以及利息现金流的债权，从债权

---

① 译者注：以期末的市价计入的方法，称为市值法。
② 译者注：全部资产直入法是指，将评估差额（评估差益以及评估差损）的合计金额计入纯资产账目。

额中扣除了处分担保可能获得的金额及因保证可能回收且被认定的金额，在盈余中，计提了根据综合判断债务人的支付能力所需要的金额。对破产风险方以及今后应关注其管理的债务人的债权，不能合理估算回收债权的本金以及利息现金流的债权，该现金流以当初约定利率计算得出的金额与债权的账簿价值额的差额计提。

上述以外债权，根据过去一段期间内坏账数据等计算出的坏账准备比率乘以债权额计提。对于特定海外债权，以因对象国的政治经济形势发生的损失估算金额作为特定海外债权准备金科目计提。

所有债权，根据资产的自我评估标准，营业部门、店铺以及审查管理部门实施资产核定，具有独立性的资产检查机构监察审计得出核定结果。

另外，对破产人以及实质破产人享有担保、保证的债权，从债权额中扣除担保的评估额以及可回收的保证额，作为不能回收的估算金额，从债权中直接减去不能回收的估算金额，即 8,798 百万日元（上次统一核算年度末期结算 7,970 百万日元）。

其他统一核算子公司的坏账准备金，对于一般债权，考虑过去的坏账实际比率所需金额进行计提，对有可能成为坏账风险的债权，对应其债权的回收风险，分别计提不能回收的估算金额。

（6）奖金准备金的计算标准

奖金准备金是为了支付员工的奖金，在员工的奖金预计支付金额中，计提了本中期统一核算期间的金额。

（7）高级管理人员奖金准备金的计提标准

高级管理人员奖金准备金是为了支付高级管理人员等奖励的，在高级管理人员的奖金预计支付金额中，计提了本中期统一核算期间的金额。

（8）股票给付准备金的计提标准

股票给付准备金，是支付与高级管理人员等的业绩联动型股票报酬制度的报酬，在高级管理人员等报酬的支付估算金额中，计提了本次中期统一核算期间发生的金额。

（9）高级管理人员退休准备金的计提标准

统一核算子公司的高级管理人员退休准备金是为向高级管理人员支付退休金，在对高级管理人员退休金的支付估算金额中，计提了截至本次中期结算期间末为止产生的金额。

（10）偶发损失准备金的计提标准

偶发损失准备金是指，为了出表交易和信托交易等偶然发生的损失，计提了将来可能会发生损失的金额。

（11）退休给付的会计处理方法

计算退职债务时，属于本次中间统一核算期间的退休给付预计额，依据给付计算公式进行计算。另外，对过去的工作费用以及数理计算差异，其费用处理方法如下：

过去的工作费用：根据发生时员工的平均剩余工作期间内的一定年限（10~15 年）的定额法，处理费用。

数理计算上的差异：根据统一核算年度发生时职员的平均剩余工作期间内的一定年限（10~15 年）的定额法，按照一定的比例份额，自发生后的次年度统一核算会计年度开始处理费用。

部分统一核算子公司，对退休给付的负债和退休给付费用的计算，本期统一核算会计期间的退休给付，采用较为便捷的方法，即将该期间需要支付的金额作为退休给付债务。

（12）外币资产与负债换算成本国货币的标准

本公司的外汇资产、负债与海外支行的会计处理，除了在取得时根据日元汇兑附有日元换算金额的相关公司股票以外，附有根据中期统一核算日的汇兑行情进行日元换算的金额。

统一核算子公司的外币资产、负债，分别依据中期核算日的汇兑率进行换算。

（13）重要对冲会计方法

①利率风险、套期保值

识别本公司的金融资产、负债所产生的利率风险为对象的保值会计的保值对象的方法，根据不同行业审计委员会报告第 24 号《关于银行业金融商品会计标准适用的会计上和审计的处理》（2002 年 2 月 13 日日本公认会计师协会，以下简称《不同行业审计委员会报告第 24 号》）以及会计制度委员会报告第 14 号《关于金融商品会计实务指针》（2000 年 1 月 31 日日本公认会计师协会）的规定，进行综合保值或个别保值。套期保值会计处理方法，满足利率掉期等特别处理的，进行特别处理，除此之外，进行递延保值。

抵消固定利息的存款、贷款等的市场行情的套期保值，依据以个别或行业监察委员会报告第 24 号，在一定的剩余时间内分成小组对保值对象进行识别，将利率掉期交易等作为保值手段。抵消属于其他有价证券区分的固定利率债券的市场变动保值，分类识别保值对象，利率掉期交易等作为套期保值手段。因指定了保值对象和保值手段的重要条件几乎相同的保值，有效性较高，以此替代有效性的判定。

固定利率与浮动利率的存款、贷款等以及短期固定利率的存款、贷款相关的预期交易的现金流的套期保值，基于《行业监察委员会报告第 24 号》的利率指数以及每一个利息调整期间，分组识别套期保值的对象，指定将利率掉期交易作为保值手段。因指定了保值对象和保值手段的重要条件几乎相同的套期保值，有效性较高，以此替代有效性的判定，除此之外，通过检验利率变动要素的关联关系评价其有效性。

②关于汇率波动风险、保值

由本公司的外汇资产、负债产生的汇率变动风险问题的套期保值会计处理，依据行业监察委员会报告第 25 号《有关银行业的外汇交易会计处理之会计核算和审计的处理》（2002 年 7 月 29 日日本公认会计师协会，以下简称在日本的一个行业的审计委员会报告第 25 号）外汇债权债务等依据货币种类分组识别套期保值的对象，同一货币的货币掉期交易及外汇期货合同（资金相关对冲交易）指定为套期保值手段，套期会计的方法是递延套期保值。减低外汇债权债务等汇率波动的风险为目的进行的货币掉期交易等作为套期保值手段，确认存在与作为对冲对象的外汇债权债务等相称的对冲手段的外汇头寸金额，作为其有效性的评价。

此外，为保值外汇以及其他证券（债券以外）的汇率变动风险，同一货币的外汇金钱债务以及外汇期货合同作为套期手段，进行概括性套期保值，适用市价套期。

③股价变动风险、套期保值

本公司持有的其他有价证券中，为保值以政策投资为目的持有股票的市场变动风险，以总收益互换为手段进行个别套期保值，套期保值对冲的有效性评价，根据保值对象的市值变动和保值手段的市值变动等关联关系进行检验。保值方法，依市值保值。

④统一核算公司间交易

衍生商品交易中，统一核算公司间以及特定交易科目以及其他会计科目之间（或内部部门间）的内部交易，作为指定保值手段之利息掉期交易以及通货掉期交易等，依据行业监察委员会第 24 号以及第 25 号，因排除恣意性，基于具有严格的保值运营可能性之对外覆盖交易①的标准进行运用，不冲抵该笔利息掉期交易以及通货掉期交易等产生的损益或评价差额，作为中期统一核算期间的损益处理，或者进行递延处理。

（14）中期统一核算现金流计算书中资金的范围

中期统一核算现金流计算书中资金的范围，是指中间统一核算资产负债表上的"临时现金存款"中，除去定期性存款和固定存单之外的资金。

（15）消费税等的会计处理

本公司以及国内合并子公司的消费税以及地方消费税（以下简称消费税）的会计处理，依据税后净额法处理。另外，不作为扣减对象的资产消费税等，计入统一核算企业年度的费用。

（16）统一核算纳税制度的适用

本公司以及部分国内统一核算子公司，适用股份有限公司三菱 UFJ 金融集团的统一核算纳税母公司的统一核算纳税制度。

（17）贴现与再贴现的会计处理

票据贴现以及再贴现，依据行业监察委员会报告第 24 号，作为金融交易处理。

（追加信息）

企业核算基准适用指南第 26 号《关于递延税款资产的回收可能性的适用方针》（2016 年 3 月 28 日·企业会计基准委员会）从本次中期企业统一核算开始适用。

（中期统一核算资产负债表）

※1. 关联公司的股票和总出资额如下表所示。

	上次统一核算年度 （2016 年 3 月 31 日）	本次中期统一核算期间 （2016 年 9 月 30 日）
股票	126,428 百万日元	118,404 百万日元
出资金	8,374 百万日元	7,477 百万日元

※2. 依据消费借贷合同借入的有价证券及回购协议交易而接受的有价证券中，享有可出售或者再担保的自由处分权利的有价证券如下表所示。

	上次统一核算年度 （2016 年 3 月 31 日）	本次中期统一核算期间 （2016 年 9 月 30 日）
设定了再担保的有价证券	374,511 百万日元	574,734 百万日元
用于再贷出的有价证券	11,547 百万日元	79,793 百万日元
属于本次中期统一核算期间末期（上次统一核算年度末期）未处分的有价证券	14,480 百万日元	28,896 百万日元

---

① 译者注：承接交易方为了规避风险进行的套期保值交易，向其他金融机构发出与承接的交易内容相同的交易指令。

票据贴现中承接的商业票据，享有可出售或者再担保的自由处分权利，其券面额如下表所示。

	上次统一核算年度 （2016 年 3 月 31 日）	本次中期统一核算期间 （2016 年 9 月 30 日）
	1,189 百万日元	712 百万日元

※3. 贷款中，破产人债权额以及滞延债权额如下表列所示。

	上次统一核算年度 （2016 年 3 月 31 日）	本次中期统一核算期间 （2016 年 9 月 30 日）
破产人债权额	552 百万日元	581 百万日元
滞延债权额	32,922 百万日元	10,520 百万日元

破产人债权是指，本金或利息的支付延迟持续了一定期间或因其他事由致使无望收回本金和利息，且计入未收利息的贷款（除去坏账折旧的部分。以下称"计入未收利息贷款"）中，根据《法人税法施行令》（昭和 40 年政令第 97 号）第 96 号第一款第三项 1－3 所示事由或同款第四项的规定产生的贷款。

滞延债权是指计入未收利息贷款，破产人债权以及为再建或支援债务人的经营为目的，利息的支付得到宽限以外的贷款。

※4. 贷款中，滞延 3 个月以上的债权额如下表所示。

	上次统一核算年度 （2016 年 3 月 31 日）	本次中期统一核算期间 （2016 年 9 月 30 日）
3 个月以上滞延债权额	214 百万日元	210 百万日元

另外，3 个月以上的滞延债权是指，本金或利息在预期付款日的次日开始起算延迟 3 个月以上的贷款，且不属于破产债权和滞延债权。

※5. 贷款中，放宽贷款条件债权额如下表所示。

	上次统一核算年度 （2016 年 3 月 31 日）	本次中期统一核算期间 （2016 年 9 月 30 日）
放宽贷款条件的债权额	9,886 百万日元	27,170 百万日元

放宽贷款条件债权是指，以支持或再建债务人的经营为目的，减免利息，宽限利息、本金的支付，放弃债权以及其他有利于债务人约定的贷款，且不属于破产债权、滞延债权以及 3 个月以上迟延债权的贷款。

※6. 破产人债权额、滞延债权额、3 个月以上的滞延债权额以及放宽贷款条件的债权额的合计额如下表所示。

	上次统一核算年度 （2016 年 3 月 31 日）	本次中期统一核算期间 （2016 年 9 月 30 日）
合计额	43,576 百万日元	38,474 百万日元

另，上述 3 至 6 所示债权额是扣除坏账准备金前的金额。

※7. 用于担保的资产如下表所示。

	上次统一核算年度 （2016 年 3 月 31 日）	本次中期统一核算期间 （2016 年 9 月 30 日）
现金应解汇款	6,194 百万日元	6,568 百万日元
有价证券	1,923,969 百万日元	817,534 百万日元
贷款	百万日元	1,007,769 百万日元
担保资产对应债务		
存款	35,000 百万日元	40,000 百万日元
借款	1,608,961 百万日元	1,455,778 百万日元
支付承诺	130,389 百万日元	129,116 百万日元

除上述记载以外，用作汇兑结算等交易的担保或作为期货交易保证金的替代物，如下各项作为担保的标的物。

	上次统一核算年度 （2016 年 3 月 31 日）	本次中期统一核算期间 （2016 年 9 月 30 日）
有价证券	2,780,976 百万日元	1,773,519 百万日元
贷款	928,606 百万日元	627,417 百万日元

另，因（买入）回购协议交易附回购条件的转让或因附现金担保的债权借贷交易而借出的资产如下表所示。

	上次统一核算年度 （2016 年 3 月 31 日）	本次中期统一核算期间 （2016 年 9 月 30 日）
有价证券	5,063,638 百万日元	6,166,222 百万日元
对应债务		
（买入）回购协议应付款	4,829,134 百万日元	4,921,496 百万日元
因债券借贷交易受领的担保金	227,019 百万日元	1,229,262 百万日元

※8. 统一核算特别目的公司的无追索权债务如下表所示。

	上次统一核算年度 （2016 年 3 月 31 日）	本次中期统一核算期间 （2016 年 9 月 30 日）
无追索权债务		
借款	337 百万日元	303 百万日元
无追索权对应债务		
资产		
贷款	337 百万日元	303 百万日元

※9. 关于透支合同以及贷款等授信额度合同，是指在收到客户申请融资时，若无违反合同所约定的条件，在一定的额度内发放贷款的合同。未执行这些合同融资的余额如下表所示。

	上次统一核算年度 （2016 年 3 月 31 日）	本次中期统一核算期间 （2016 年 9 月 30 日）
融资未执行余额	7,988,749 百万日元	8,007,578 百万日元

另外，因这些合同的大部分是不需要执行融资而归于终了的合同，因此，融资未执行余额并不一定会影响本公司以及统一核算子公司未来的现金流。这些合同大部分附有出现金融情势发生变化、债权保全以及有其他相应事由时，本公司以及统一核算子公司可以拒绝融资申请或减少合同最大放款额度的条款。另外，签订合同时，可以根据要求提供不动产、有价证券等担保，合同签订后，依据公司事先制定的内部程序把握客户的企业活动情况，根据需要修改合同，构建了信贷保全措施。

※10. 依据《关于土地再评估的法律》（1998 年 3 月 31 日 法律第 34 号）对事业用途的土地进行再评估，关于评估差额，对相当于该评估差额税金金额"对再评价的递延税款负债"作为负债计入，扣除该金额作为"土地再评估差额金"计入净资产。

进行再评估的时间

1998 年 3 月 31 日、2001 年 12 月 31 日以及 2002 年 3 月 31 日

该法律第 3 条第 3 项所规定的再评估方法

关于《土地再评估的法律施行令》（1998 年 3 月 31 日 政令第 119 号）第 2 条第 4 项所规定的"地价税法第十六条规定的计算作为地价税的价格计算基础的土地价格，根据国税厅（局）长官制定并公布的方法进行计算。"以及同条第一项所规定的"近邻地价公示法第六条规定的标准地，根据同条的规定公示的价格"进行在土地深度价格修正或进行时点修正[①]后进行算定以外，依据该条第五项规定的不动产鉴定师的鉴定评估进行时点后进行计算。

※11. 有形固定资产的折旧累计额如下表所示。

	上次统一核算年度 （2016 年 3 月 31 日）	本次中期统一核算期间 （2016 年 9 月 30 日）
折旧累计额	156,823 百万日元	157,212 百万日元

※12. 借款，包括比其他债劣后履行的附劣后特约约定的借款。

	上次统一核算年度 （2016 年 3 月 31 日）	本期中期统一核算期间 （2016 年 9 月 30 日）
附劣后特约借款	155,500 百万日元	150,500 百万日元

---

① 译者注：时点修正是指交易时的价格与市场交个存在差异时进行的价格修改。

※13. 公司债包括附劣后特约公司债。

	上次统一核算年度 （2016 年 3 月 31 日）	本次中期统一核算期间 （2016 年 9 月 30 日）
附劣后特约公司债	240,000 百万日元	240,000 百万日元

※14. 有价证券之公司债中，通过有价证券私募（金融商品交易法第二条第三款）形式发行的公司债的担保债务额。

	上次统一核算年度 （2016 年 3 月 31 日）	本次中期统一核算期间 （2016 年 9 月 30 日）
	16,441 百万日元	19,148 百万日元

15. 本公司受托的保本信托的本金金额如下表所示。

	上次统一核算年度 （2016 年 3 月 31 日）	本次中期统一核算期间 （2016 年 9 月 30 日）
金钱信托	7,111,058 百万日元	5,532,965 百万日元

（中期统一核算损益计算书关系）

※1. 其他经常性收益如下表所示。

	上次中期统一核算期间 （自 2015 年 4 月 1 日 至 2015 年 9 月 30 日）	本次中期统一核算期间 （自 2016 年 4 月 1 日 至 2016 年 9 月 30 日）
股票等出售利益	5,977 百万日元	15,191 百万日元
依据份额法[①]所获得投资利润	5,853 百万日元	2,391 百万日元

※2. 其他经常性费用如下表所示。

	上次中期统一核算期间 （自 2015 年 4 月 1 日 至 2015 年 9 月 30 日）	本次中期统一核算期间 （自 2016 年 4 月 1 日 至 2016 年 9 月 30 日）
股票等注销	1,045 百万日元	899 百万日元
股票等转让损失	3,003 百万日元	825 百万日元

---

① 译者注：适用份额法的公司，原则上是指表决权、所有权比例在 20% 以上 50% 以下的非统一核算子公司、关联公司，有些不重要的公司，也可以不作为适用份额法的公司处理。

（中期统一核算股本资本等变动计算书关系）
上次中期统一核算期间（自 2015 年 4 月 1 日至 2015 年 9 月 30 日）
1. 已发行股票的种类总数量以及自持股的种类以及数量

（单位：千股）

	本次统一核算年度期初股数	本次中期统一核算期间增加股数	本次中期统一核算期间减少股数	本次中期统一核算期间末股票数	摘要
已发行股数					
普通股	3,369,443	29,743	—	3,399,187	注
合计	3,369,443	29,743	—	3,399,187	

注：普通股流通股总数增加 29,743 千股，是本公司为了继承股份有限公司三菱 UFJ 金融集团持有的三菱 UFJ 信托银行股份有限公司（现三菱 UFJ 国际信托银行股份有限公司）的普通股 39,325 股，进行吸收分割，发行交付的股票。

2. 关于股利分红的事项
（1）本次中期统一核算期间的股息支付额。

（表决）	股票种类	股息总额（百万日元）	每股利息（日元）	基准日	效力发生日
2015 年 6 月 24 日定期股东大会	普通股	20,924	6.21	2015 年 3 月 31 日	2015 年 6 月 24 日
2015 年 7 月 29 日董事会	普通股	14,548	4.28	—	2015 年 8 月 3 日

（2）基准日属于本次中期统一核算期间的股息，股息生效日为本次中统一核算期间末以后的股票。

（表决）	股票种类	股息总额（百万日元）	股息原资	每股股息（日元）	基准日	效力发生日
2015 年 11 月 13 日董事会	普通股	22,400	利益盈余	6.59	2015 年 9 月 30 日	2015 年 11 月 16 日

本次中期统一核算期间（自 2016 年 4 月 1 日至 2016 年 9 月 30 日）

1. 已发行股份的种类总数及自持股的种类以及数量相关事项

（单位：千股）

	本次统一核算年度期初股数	本次中期统一核算期间增加股数	本次中期统一核算期间减少股数	本次中期统一核算期间期末股票数	摘要
已发行股数					
普通股	3,399,187	—	—	3,399,187	
合计	3,399,187	—	—	3,399,187	

2. 关于股息的事项

（1）本次中期统一核算期间中的股利支付额。

①现金支付股息金额

（决议）	股票种类	股息总额（百万日元）	每股股息（日元）	基准日	效力发生日
2016 年 5 月 16 日董事会	普通股	18,967	5.58	2016 年 3 月 31 日	2016 年 5 月 17 日
2016 年 7 月 28 日董事会	普通股	30,286	8.91	—	2016 年 8 月 1 日

②现金以外方式支付股息金额

（表决）	股票种类	股息财产种类	股利财产的账簿价格（百万日元）	每股股息（日元）	基准日	效力发生日
2016 年 5 月 31 日股东大会	普通股	有价证券	312	—	—	2016 年 7 月 1 日

注：全部股息财产对唯一持有普通股的股东之股份有限公司三菱 UFJ 金融集团分配，没有约定每股股息金额。

（2）基准日属于本次中期统一核算期间的股息，其股息的效力发生日为本次中期统一核算期末以后的股票。

（表决）	股票种类	股息总额（百万日元）	股息原资	每股股息（日元）	基准日	效力发生日
2016 年 11 月 14 日股东大会	普通股	18,899	利润剩余金	5.56	2016 年 9 月 30 日	2016 年 11 月 15 日

（中期统一核算现金流计算书关系）

※1. 现金以及等同于现金之物的中期期末余额和中期统一核算资产负债表中所列科目金额之间的关系。

（单位：百万日元）

	上次中期统一核算期间 （自 2015 年 4 月 1 日 至 2015 年 9 月 30 日）	本次中期统一核算期间 （自 2016 年 4 月 1 日 至 2016 年 9 月 30 日）
现金应解汇款科目	7, 321, 898	9, 945, 144
定期应解科目	Δ601, 385	Δ516, 979
现金以及等同现金物	6, 720, 512	9, 428, 165

（租赁交易关系）

经营性租赁[①]交易

经营性租赁交易中不能解约合同的未到来期间的租赁费

（承租人方面）

（单位：百万日元）

	上次统一核算年度 （2016 年 3 月 31 日）	本次中期统一核算期间 （2016 年 9 月 30 日）
1 年内	8, 003	7, 880
超过 1 年	21, 014	19, 104
合计	29, 017	26, 984

（出租人）

（单位：百万日元）

	上次统一核算年度 （2016 年 3 月 31 日）	本次中期统一核算期间 （2016 年 9 月 30 日）
1 年内	403	391
超过 1 年	186	168
合计	590	560

---

① 经营性租赁是指租赁期间界至时鉴定剩余价格，从租赁物的本金部分减去剩余价格计算租赁费用的租赁交易。

（金融商品关系）

有关金融商品的市值等事项

本次中期统一核算资产负债表计入的金额（中期统一核算资产负债表），市值以及这些差额如下表所示。另外，不包含难于把握其市值的非上市股票。

上次统一核算年度（2016 年 3 月 31 日）

	统一核算资产负债表计入额（百万日元）	市值（百万日元）	差额（百万日元）
（1）现金应解汇款（＊1）	11,203,548	11,203,548	—
（2）短期贷款及买入票据（＊1）	240,231	240,231	—
（3）支付债券借贷交易保证金	946,860	946,860	—
（4）买入金钱债权	523	523	—
（5）特定交易资产买卖为目的的有价证券	210,542	210,542	—
（6）金钱的信托①	13,040	13,040	—
（7）有价证券	25	25	0
满期持有为目的债券其他有价证券	17,261,394	17,261,394	—
（8）贷款	13,349,955		
坏账准备金（＊1）	Δ35,486		
	13,314,469	13,588,445	273,975
（9）外国汇兑（＊1）	36,875	36,875	—
资产额	43,227,510	43,501,486	273,976
（1）存款	13,314,469	13,724,047	13,432
（2）定期存单	4,568,723	4,568,826	102
（3）活期借款及出售票据	193,932	193,932	—
（4）（买入）回购协议	5,205,060	5,205,060	—
（5）受领债券借贷交易保证金	227,019	227,019	—
（6）商业票据	628,243	628,243	—
（7）借款	2,006,477	2,018,486	12,008
（8）外国汇兑	28	28	—
（9）短期公司债务	126,993	126,993	—
（10）公司债务	847,129	842,712	Δ4,416
（11）信托科目借入	13,296,033	13,296,033	—
负债额	40,810,255	40,831,382	21,127
衍生品交易（＊2）			
不适用套期结算	33,236	33,236	—
适用套期结算	(51,507)	(51,507)	—
衍生品交易额	(18,270)	(18,270)	—

（＊1）对应贷款金额扣除一般坏账准备金以及个别坏账准备金。另外，贷款之外的科目，因坏账准备金的重要性减低，因此不扣除坏账准备金。

（＊2）计入特定交易资产、负债及其他资产的衍生品交易，进行概括性记载。衍生交易品产生的实质债权、债务②表示的是净额，合计实质债务，在括号内表示。

---

① 译者注：在日本法中金钱的信托比金钱信托的范围要广。

② 译者注：所谓的实质性债权债务是指，债权的市价减去债务的市价的差额，债权的市价大于债务的市价，则为实质债权，反之则为实质债务。

本次中期统一核算期间（2016 年 9 月 30 日）

（单位：百万日元）

	中期合并资产负债表 计算额	市值	差额
（1）现金应解汇款（＊1）	9,945,144	9,945,144	—
（2）短期贷款及买入票据（＊1）	13,622	13,622	—
（3）支付的债券借贷交易保证金	—	—	—
（4）金钱债权	18,985	18,985	—
（5）特定交易资产买卖为目的有价证券	399,736	399,736	—
（6）金钱的信托	12,892	12,892	—
（7）有价证券满期持有为目的债券其他有价证券	16,072,097	16,072,097	—
（8）贷款	13,715,776		
坏账准备金（＊1）	Δ32,398		
	13,683,377	14,048,639	365,261
（9）外国汇兑（＊1）	49,378	49,378	—
资产额	40,195,235	40,560,496	365,261
（1）存款	14,872,606	14,882,516	9,910
（2）定期存单	4,250,299	4,250,337	38
（3）活期借款及出售票据	674,182	674,182	—
（4）（买入）回购协议应付款	5,289,109	5,289,109	—
（5）收受债券借贷交易保证金	1,229,262	1,229,262	—
（6）商业票据	395,055	395,055	—
（7）借款	2,001,581	2,017,748	16,167
（8）外国汇兑	82	82	—
（9）短期公司债	533,999	533,999	—
（10）公司债	824,732	832,059	7,326
（11）信托科目借入	8,101,288	8,101,288	—
（12）其他负债（＊2）	19,000	19,000	—
负债额	38,191,198	38,224,641	33,442
衍生品交易（＊2）			
不适用套期结算	12,321	12,321	—
适用套期结算	174,632	174,632	—
衍生品交易额	186,954	186,954	—

（＊1）对应贷款金额扣除一般坏账准备金以及个别坏账准备金。另外，贷款之外的科目，因坏账准备金的重要性减低，因此不扣除坏账准备金。

（＊2）不包括衍生交易。其他负债中，没有计入市值披露的对象的金融商品。

（＊3）计入特定交易资产、负债及其他资产的衍生品交易，进行概括性记载。

衍生交易品产生的实质债权、债务表示的是净额。

金融商品的市值算定方法

资产

（1）现金应解汇款

对于没有满期的应解汇款，因市值和账面价值相近，以其账面价值为市值。对于有满期期限的应解汇款，剩余存款期限为短期的（1年以内），因市值和账面价值近似的，以其账面价值作为市值。

（2）短期贷款及买入票据

（3）支付的债券借贷交易保证金

因这些内容约定期限为短期（1年以内），其市值和账面价值相近，以其账面价值作为市值。

（4）买入金钱债权

对于买入金钱债权，根据交易金融机构等提供的价格计算。

（5）特定交易资产

以特定交易为目的所持有的债券等的有价证券，依据市场价格或者交易金融机构等提示的价格计算。对于部分有价证券，以未来预见现金流量除以市场利率计算出市值。

（6）金钱的信托

主要运用为主要目的的单独运用金钱的信托的财产信托的构成物的有价证券等，依据交易金融机构等提示价格计算。

（7）有价证券

股票依据交易所的价格计算。债券依据市场价格，交易金融机构等所提示的价格或经过合理计算的价格计算。投资信托则根据公布的标准价格或交易金融机构等提示的价格计算。

私募债中，没有市场价格或者没有交易金融机构等提示的价格的，依据债务不履行风险、担保、保证的回收金额以及能反映保证费的未来预估现金流量折算市场利率计算市值。

浮动利率国债，依据国债的收益率等预估未来现金流量，考虑该收益率为基础的利率，参考选择权利以及以过去的市场业绩为基础的流动性附加价值的利息折算现在价值作为市价。

另外，证券化商品中，部分面向企业贷款债权支持资产的证券化商品，分析支持资产、破产概率、期限前偿还率等估算用未来现金流量，考虑过去的市场实际业绩的流动性附加价值折算后的价格与交易金融机构等购入的价格所计算出的价格为市值。对于其他的证券化商品，以从交易金融机关购入的价格计算。

（8）贷款

对于面向法人的贷款，依据债务不履行风险以及反映担保、保证的回收预计额等的未来现金流量除以市场利息计算现在价值。另外，面向法人的贷款中，对破产方、实质破产方以及破产风险方的债权等，因基于未来预计现金流量的现在价值或者担保、保证的回收预计额等算定坏账预计额，市值与中期统一核算日（统一核算日）中的中期统一核算资产负债表（资产负债表）中的债权等计提金额扣除坏账准备金的金额相近，以该价格为市值。另外，作为利率掉期的特别处理或汇兑预约等震荡处理对象的借款，反映了该笔利率掉期和外汇预约等的市值。

面向个人的住房贷款，根据各贷款的种类以及期间区分，如原利息的合计额除以如进行新规贷款时将适用的利率计算市值。

（9）外汇汇兑

外汇汇兑，是指对其他银行的外汇存款（外国他店存储）以及进口票据贷款（托收外汇）。对于没有期限的存款或约定期限较短的（1 年内存款），因各自的市值与账面价值相近，以其账面价值为市值。

负债

（1）存款

通知存款，在中期决算日（统一核算日）要求支付的金额（账面价值）为市值。另外，定期存款中，浮动利息的存款因反映了短期间内的市场利率，市值与账面价值相近，该账面价值作为市值。

固定利率存款，每隔一定期间作为一个区分，折算未来现金流量为市值。它的折算率，采用新规存款所适用的利率。另外，剩余期间较短（1 年以内）的存款，因市值账面价值相近，视账面价值为市值。

（2）定期存单

定期存单，以折算未来现金流量为市值。它的折扣率，采用新规存款所适用的利率。另外，剩余期间短时间（1 年以内）的存单，市值与账面价值相近。视该账面价值作为市值。

（3）活期贷款以及卖出票据，（4）附回购交易科目，（5）收受的债券借贷交易担保金，及（6）商业票据，这些内容因约定期间为短期（1 年以内），市值与账面价值相近，视该账面价值作为市值。

（7）借款

借款，以一定的期间进行区分的未来现金流量以反映本公司信用风险利率进行折算计算市值。作为利率掉期特例处理的对象的上述中结佣金，反映了该当利率掉期的市值。另外，剩余期间为短期（1 年以内）的借款，市值与账面价值相近，视该账面价值为市值。

（8）外汇

外汇中，接受其他银行的外币存款和非居住者日元存款（外国他店存款）属于没有满期限的存款，这些市值与账面价值相近，该账面价值作为市值。

（9）短期公司债

短期公司债，约定期限为短期（1 年以内），因市值和账面价值相近，以其账面价值为市值。

（10）公司债券

公司债券，有市场价格的，根据市场价格计算市值。没有市场价格的，将按照一定的期间进行区分计算出来的未来现金流量以反映本公司信用风险利率计算市值。作为利率掉期特例处理或汇兑预约等的震荡处理的对象的上述公司债，反映了相应利率掉期或汇兑预约等的市值。另外，剩余期间为短期（1 年以内）的公司债，因市值和账面价值相近，以其账面价值为市值。

（11）信托科目借入

信托科目借入属于没有满期的存款，市值与账面价值相近，以该账面价值为市值。

（12）其他负债

其他负债，约定期限为短期间（1 年以内），市值与账面价值相近，以其账面价值为市值。

衍生品交易

关于衍生品交易，记载于"衍生品交易关系"中。

计入金融商品的中期统一核算资产负债表（资产负债表）中、难于把握市值的金融商品的金额如下列所示，不包含金融商品的市值信息的"资产（7）其他证券"。

（单位：百万日元）

区分	上次统一核算年度 （2016 年 3 月 31 日）	本次中期统一核算期间 （2016 年 9 月 30 日）
① 非上市股票（＊1）（＊3）	23，254	22，499
② 合伙出资金额（＊2）（＊3）	8，425	6，935
③ 其他（＊3）	370	370
合计	32，049	29，805

（＊1）关于非上市股票，因无市场价格、市值极难把握，不作为市值披露的对象。

（＊2）合伙出资资金，是指投资事业合伙等。这些一般认为其市值极难把握，不属于市值披露的对象。

（＊3）上次统一核算年度，对非上市股份 12 百万日元，以合伙出资的 104 百万日元和其他 78 百万日元进行了减损处理。

本次中期统一核算期间，对合伙出资 179 百万日元进行了减损处理。

（有价证券关系）

※1. 除了中期统一核算资产负债表（资产负债表）的"有价证券"外，包括记载于"买入金钱债权"中的有价证券以及相当于有价证券的证券。

※2. "子公司股份及关联公司股份"问题，记载于中期会计报表附注中。

1. 到期持有债券

上次统一核算年度（截至 2016 年 3 月 31 日）

	种类	统一核算资产负债表 计算额（百万日元）	市值（百万日元）	差额（百万日元）
市值超过统一核算资产负债表中计入的金额	国债	25	25	0
	地方债	—	—	—
	公司债	—	—	—
	其他	—	—	—
	小计	25	25	0
市值不超过统一核算资产负债表计入的金额	国债	—	—	—
	地方债	—	—	—
	公司债	—	—	—
	其他	—	—	—
	小计	—	—	—
合计		25	25	0

本次中期统一核算期间

无相应事项（截至 2016 年 9 月 30 日）。

2. 其他有价证券
上次统一核算年度（截至 2016 年 3 月 31 日）

（单位：百万日元）

	种类	统一核算资产负债表计入额	取得原价	差额
统一核算资产负债表计入额超过取得原价	股票	905,576	418,949	486,626
	债券	6,923,201	6,822,345	100,855
	国债	6,449,498	6,355,544	93,954
	地方债	20,543	20,113	430
	公司债	453,158	446,687	6,471
	其他	8,005,792	7,689,058	316,734
	外国股票	37	11	26
	外国债券	7,343,916	7,107,796	236,120
	其他	661,838	581,250	80,588
	小计	15,834,570	14,930,353	904,217
统一核算资产负债表计入额未超过取得原价	股票	70,718	85,058	Δ14,340
	债券	141,996	144,577	Δ2,580
	国债	10,001	10,001	Δ0
	地方债	19,270	19,326	Δ56
	公司债	112,725	115,249	Δ2,524
	其他	1,214,631	1,224,557	Δ9,925
	外国股票	13	13	Δ0
	外国债券	1,095,541	1,102,863	Δ7,322
	其他	119,076	121,679	Δ2,603
	小计	1,427,346	1,454,192	Δ26,846
合计		17,261,917	16,384,546	877,371

本次中期统一核算期间（截至 2016 年 9 月 30 日）

（单位：百万日元）

	种类	中期资产负债表计算额	取得原价	差额
统一核算资产负债表计入额超过取得原价	股票	844,750	395,287	449,463
	债券	6,400,876	6,305,467	95,409
	国债	5,831,841	5,744,318	87,522
	地方债	38,854	38,290	563
	公司债	530,181	522,858	7,323
	其他	7,696,932	7,369,161	327,771
	外国股票	53	21	31
	外国债券	6,894,385	6,641,988	252,397
	其他	802,494	727,151	75,342
	小计	14,942,560	14,069,915	872,644

（续表）

	种类	中期资产负债表计算额	取得原价	差额
中期资产负债表计入额未超过取得原价	股票	81,510	97,277	Δ15,766
	债券	41,914	43,478	Δ1,563
	国债	—	—	—
	地方债	1,051	1,052	Δ0
	公司债	40,863	42,425	Δ1,562
	其他	1,025,096	1,033,215	Δ8,118
	外国股票	1	1	—
	外国债券	823,067	826,638	Δ3,571
	其他	202,028	206,575	Δ4,547
小计		1,148,522	1,173,970	Δ25,448
合计		16,091,082	15,243,886	847,195

注：上述差额中，适用市值套期保值反映的损益金额为 627 百万日元（收益）。

3. 进行了亏损处理的有价证券

以买卖为目的的有价证券以外的有价证券（市值把握极为困难的证券除外）中，该有价证券的市值明显低于取得原价的，市值无望恢复到取得原价的证券，该市值计入中期统一核算资产负债表（资产负债表计入额）的同时，评估差额作为中期统一核算期间（统一核算年度）的损失来处理（以下简称减损处理）。

上次统一核算年度的减损处理金额为 1,877 百万日元（其中，股份 1,792 百万日元，其他 85 百万日元）。本次中期统一核算期间的亏损处理金额为 753 百万日元（其中，股票 719 百万日元，其他 33 百万日元）。

另外，"显著市值下跌"的判断标准，根据预先制定的资产自我评估标准以各证券发行公司为区分，如下表所示：

破产人，实质破产人，破产风险人先取得成本破产	市值相比取得原价有所下跌
需注意交易方	市值下跌超过取得原价30%以上
正常交易方	市值下跌超过取得原价50%以上

另外，破产人是指，破产，特别清算，受到证券交易所的停止交易处分等，在法律上，形式上出现了经营破产事实的发行公司；实质破产人是指，实质上陷入经营破产的发行公司；破产风险人是指，今后陷入经营破产可能性较大的发行公司；需注意人是指，今后的管理需要注意的发行公司。正常交易方是指，上述破产人，实质破产人，破产风险人及需注意交易方以外的发行公司。

（金钱的信托关系）

1. 满期持有为目的的金钱的信托

上次统一核算年度的相关事项。（截至 2016 年 3 月 31 日）

无相应事项。

本次中期统一核算期间（截至 2016 年 9 月 30 日）

无相应事项。

2. 其他金钱信托（除运用为目的以及满期持有为目的以外）

上次统一核算年度的相关事项。（截至 2016 年 3 月 31 日）

无相应事项。

本次中期统一核算期间（截至 2016 年 9 月 30 日）

无相应事项。

（其他有价证券评估差额金额）

中期统一核算资产负债表（统一核算资产负债表）计入的其他证券的评估差额金的明细如下表所示。

上期统一核算年度（截至 2016 年 3 月 31 日）

	金额（百万日元）
评估差额	877,386
其他有价证券	877,386
（Δ）递延税款负债	260,346
其他有价证券评估差额（相当于调整前份额的金额）	617,040
（Δ）相当于非控股股东的份额	713
（+）适用份额法公司持有的其他有价证券评股差额中相当于母公司的持有份额	Δ84
其他有价证券评估差额	616,241

注：评价差额中，包括构成合伙资产的其他有价证券的评估差额 13 百万日元（利润），以及把握市值及其困难的外汇和其他有价证券的汇率换算差额 1 百万日元（利润）。

本次中期统一核算期间（截至 2016 年 9 月 30 日）

	金额（百万日元）
评估差额	846,572
其他有价证券	846,572
（Δ）递延税款负债	252,085
其他有价证券评估差额（相当于调整前份额的金额）	594,486
（Δ）相当于非控股股东份额	475
（+）适用份额法公司持有的其他有价证券评股差额中相当于母公司的持有份额	Δ39
其他有价证券评估差额	593,971

注：1. 从评估差额中扣除适用市值套期保值所反映的损益额 627 百万日元（收益）。

2. 评估差额包括构成合伙组成资产的其他有价证券的评估差额 4 百万日元（收益）及把握市值及其困难的外汇和其他有价证券的汇率换算差额 Δ0 百万日元（损失）。

（衍生品交易关系）

不适用套期保值结算的衍生品交易

不适用套期保值结算的衍生品交易，根据交易标的物的种类，中期决算日（统一核算日）的合同金额或合同中约定的相当于本金的金额、市值和评估损益以及该市值的计算方法，如下表所示。另外，合同金额本身并不表示衍生品交易市场的相关风险。

（1）利率相关交易

上次统一核算年度（截至 2016 年 3 月 31 日）

区分	种类	签约额等 （百万日元）	签约额等超过一年 的交易（百万日元）	市值 （百万日元）	评价损益 （百万日元）
金融商品 交易所	利率期货				
	卖出	—	—	—	—
	买入	—	—	—	—
	利率期权				
	卖出	—	—	—	—
	买入	—	—	—	—
店头	利率远期合同				
	卖出	—	—	—	—
	买入	—	—	—	—
	利率掉期				
	应收固定、支付浮动	4,559,656	4,116,286	94,739	94,739
	应收浮动、支付固定	4,588,000	4,111,002	Δ71,212	Δ71,212
	应收浮动、支付浮动	250,275	250,275	Δ8	Δ8
	固定应收与固定支付	2,252	2,252	272	272
	利率期权				
	卖出	—	—	—	—
	买入	—	—	—	—
	利率上下限				
	卖出	21,590	19,925	Δ310	Δ309
	买入	20,060	19,925	Δ5	Δ60
	利率互换				
	卖出	—	—	—	—
	买入	—	—	—	—
	其他				
	卖出	—	—	—	—
	买入	—	—	—	—
合计		—	—	23,475	23,419

注：1. 对上述交易进行市值评估，评估损益计入统一核算损益计算书。

2. 市值的计算，根据折算现值与期权价格计算模型计算。

本次中期统一核算期间（截至 2016 年 9 月 30 日）

区分	种类	签约额等（百万日元）	签约额等超过一年的交易（百万日元）	市值（百万日元）	评估损益（百万日元）
金融商品交易所	利率期货				
	卖出	—	—	—	—
	买入	—	—	—	—
	利率期权				
	卖出	—	—	—	—
	买入	—	—	—	—
店头	利率远期合同				
	卖出	—	—	—	—
	买入	—	—	—	—
	利率掉期				
	应收固定、支付浮动	4,284,831	3,849,612	96,520	96,520
	应收浮动、支付固定	4,310,840	3,855,058	Δ76,054	Δ76,054
	应收浮动、支付浮动	228,957	228,957	Δ11	Δ11
	固定和固定付款固定	5,021	5,021	496	496
	利率期权				
	卖出	—	—	—	—
	买入	—	—	—	—
	利率上下限				
	卖出	19,775	19,500	Δ193	Δ193
	买入	19,757	19,500	Δ95	Δ121
	利率互换				
	卖出	—	—	—	—
	买入	—	—	—	—
	其他				
	卖出	—	—	—	—
	买入	—	—	—	—
合计		—	—	20,660	20,635

注：1. 对上述交易进行市值评估，评估损益计入统一核算损益计算书。

2. 市值的计算，根据折算现值与期权价格计算模型计算。

（2）货币相关交易

上次统一核算年度（截至 2016 年 3 月 31 日）

区分	种类	签约额等 （百万日元）	签约额等超过一年 的交易（百万日元）	市值 （百万日元）	评估损益 （百万日元）
金融商品 交易所	利率期货				
	卖出	—	—	—	—
	买入	—	—	—	—
	货币期权				
	卖出	—	—	—	—
	买入	—	—	—	—
店头	货币掉期	935,234	930,010	2,615	2,615
	外汇预约				
	卖出	13,303,026	135,515	32,951	32,951
	买入	11,726,625	125,665	△25,199	△25,199
	利息期权				
	卖出	287,201	56,550	△5,464	526
	买入	266,163	45,315	4,861	△1,323
	其他				
	卖出	—	—	—	—
	买入	—	—	—	—
合计		—	—	9,763	9,570

注：1. 关于上述交易市值评估，评估损益计入损益计算书。

2. 市值的计算，根据贴现现值和期权价格计算模型等计算。

本次中期统一核算期间（截至 2016 年 9 月 30 日）

区分	种类	签约额等 （百万日元）	签约额等超过一年 的交易（百万日元）	市值 （百万日元）	评估损益 （百万日元）
金融商品 交易所	货币期货				
	卖出	—	—	—	—
	买入	—	—	—	—
	货币期权				
	卖出	—	—	—	—
	买入	—	—	—	—
店头	货币掉期	845,530	770,336	3,096	3,096
	外汇预约				
	卖出	12,043,892	123,201	62,349	62,349
	买入	12,066,045	119,944	△73,935	△73,935
	货币期权				
	卖出	224,381	42,415	△5,140	449
	买入	210,682	32,550	5,363	△815
	其他				
	卖出	—	—	—	—
	买入	—	—	—	—
合计		—	—	△8,266	△8,855

注：1. 关于上述交易市值评估，评估损益计入损益计算书。

2. 市值的计算，根据贴现现值和期权价格计算模型等计算。

（3）股票相关交易

上次统一核算年度（截至 2016 年 3 月 31 日）

区分	种类	签约额等 （百万日元）	签约额中 超过 1 年的交易	市值 （百万日元）	评估损益 （百万日元）
金融 商品 交易所	股票指数期货				
	卖出	5,115	—	Δ4	Δ4
	买入	—	—	—	—
	股票指数期权				
	卖出	—	—	—	—
	买入	—	—	—	—
店头	有价证券 店头期权				
	卖出	—	—	—	—
	买入	—	—	—	—
	有价证券店头指数互换				
	股价指数变化率收受 　短期变动利率支付	—	—	—	—
	短期变动利率收受 　股价指数变化率支付	—	—	—	—
	其他				
	卖出	—	—	—	—
	买入	—	—	—	—
合计		—	—	Δ4	Δ4

注：1. 关于上述交易依市值评估进行，评估损益记载于损益计算书。

2. 市值的计算，根据大阪交易所等确定最终价格。

本次中期统一核算期间（截至 2016 年 9 月 30 日）

区分	种类	签约额等 （百万日元）	签约额中 超过 1 年的交易	市值 （百万日元）	评估损益 （百万日元）
金融商品 交易所	股票指数期货				
	卖出	7,279	—	Δ72	Δ72
	买入	—	—	—	—
	股票指数期权				
	卖出	—	—	—	—
	买入	—	—	—	—
店头	有价证券				
	店头期权				
	卖出	—	—	—	—
	买入	—	—	—	—
	有价证券店头指数等互换				
	股价指数变化率收受				
	短期变动利率支付	—	—	—	—
	短期变动利率收受				
	股价指数便利化利率支付	—	—	—	—
	其他				
	买入	—	—	—	—
	卖出	—	—	—	—
合计		—	—	Δ72	Δ72

注：1. 关于上述交易依市值评估进行，评估损益记载于损益计算书。

2. 市值的计算，根据大阪交易所等确定最终价格。

（4）债券关联交易

上次统一核算年度（截至 2016 年 3 月 31 日）

区分	种类	签约额等 （百万日元）	签约额中 超过 1 年的交易	市值 （百万日元）	评估损益 （百万日元）
金融 商品 交易所	债券期货				
	卖出	759	—	2	2
	买入	—	—	—	—
	债券总物期货期权				
	卖出	—	—	—	—
	买入	—	—	—	—
店头	债券店头期权				
	卖出	—	—	—	—
	买入	—	—	—	—
	其他				
	卖出	—	—	—	—
	买入	—	—	—	—
合计		—	—	2	2

注：1. 与上述交易有关的市值评估，评估损益计算在损益计算书中。

2. 市值的计算，适用大阪交易所等最终确定的价格。

本次中期统一核算期间（截至 2016 年 9 月 30 日）

区分	种类	签约额等 （百万日元）	签约额中 超过 1 年的交易	市值 （百万日元）	评估损益 （百万日元）
金融 商品 交易所	债券期货				
	卖出	761	—	Δ0	Δ0
	买入	—	—	—	—
	债券总物期货期权				
	卖出	—	—	—	—
	买入	—	—	—	—
店头	债券店头期权				
	卖出	—	—	—	—
	买入	—	—	—	—
	其他				
	卖出	—	—	—	—
	买入	—	—	—	—
合计		—	—	Δ0	Δ0

注：1. 与上述交易有关的市值评估，评估损益计算在损益计算书中。

2. 市值的计算，适用大阪交易所等最终确定的价格。

（5）商品关联交易

上次统一核算年度（截至 2016 年 3 月 31 日）

无相应事项。

本次中期统一核算期间（截至 2016 年 9 月 30 日）

无相应事项。

（6）信用卡、衍生交易

上次统一核算年度（截至 2016 年 3 月 31 日）

无相应事项。

本次中期统一核算期间（截至 2016 年 9 月 30 日）

无相应事项。

部门区分信息等

（部门信息）

1. 报告概要

本公司集团的报告部门是业务执行决策机构之经营会议，为了决定经营资源的分配和业绩评估，定期将其作为探讨的部门。

本公司集团根据客户特性、业务特质，设置了业务部门，各事业部门根据客户特点、业务内容，制定概括性战略方针，开展业务活动。因此，本集团公司由根据客户特点、业务活动划分的部门构成，由"零售部门"、"法人商务部门"、"受托财产单位"、"市场国际部门"、"市场国际部门"等作为报告部门。

零售部门：提供个人金融服务。

法人商务部门：提供面向法人的金融服务，房地产及证券代理①有关的综合性服务。

受托财产部门：提供企业年金，公共养老金，公共资金及投资信托等各种资金提供运用、管理服务业务。

国际市场部门：提供通过海外支店、子公司联盟的金融服务以及国内外有价证券投资等市场投资业务、进出资金的管理。

其他：不属于上述各部门管理的业务等。

2. 各报告部门的统一核算业务毛利润及统一核算实质业务净利润计算方法。

报告部门的会计处理方法，与"制作中期统一核算财务报表基本重要事项"中记载的内容大致相同。横跨多个部门的收入与费用核算方法，依据市场实际价格为基础的内部管理会计基准。

---

① 译者注：证券代理是指代替公司处理对公司的股票、记名公司债等名义变更事务的业务。

3. 各报告部门的统一核算业务毛利润及统一核算实质业务净利润的金额信息。

上次中期统一核算期间（自 2015 年 4 月 1 日至 2015 年 9 月 30 日）

（单位：百万日元）

| | | 零售部门 | 法人服务部门 | | | 受托财产部门 | 国际市场部门 | 其他 | 合计 |
			法人业务部门	不动产业务	证券代理业务				
统一核算业务毛利润		39,377	71,544	36,759	16,085	18,699	78,614	41,537	5,278	236,352
	单体	32,353	66,927	36,759	13,573	16,594	37,511	38,684	11,200	186,677
	利息收支	8,945	21,850	21,850	—	—	50,863	14,207	95,867
	非利息收支	23,407	45,076	14,908	13,573	16,594	37,511	Δ12,179	Δ3,006	90,809
	子公司等	7,024	4,617	—	2,512	2,105	41,102	2,853	Δ5,922	49,675
	经费	35,232	24,791	10,076	6,257	8,458	44,701	12,203	12,347	129,276
统一核算实质业务净利润		4,145	46,752	26,683	9,828	10,241	33,912	29,334	Δ7,069	107,075

注：1. 代替一般企业的销售额，记载了统一核算业务的毛利润。

2. 统一核算业务毛利润，信托账户减值损失计提前。

3. 统一核算实质业务净利润是在一般坏账准备金计提前、信托账户减值损失计提前。

4. 本公司因为在内部管理上没有设置资产和负债部门，所以，不记载各报告部门的资产和负债。

5. 法人商务部门披露了"法人业务""不动产业务""证券代行业务"的各业务具体内容。

本次中期统一核算期间（自 2016 年 4 月 1 日起至 2016 年 9 月 30 日）

（单位：百万日元）

| | | 零售部门 | 法人服务部门 | | | 受托财产部门 | 国际市场部门 | 其他 | 合计 |
			法人业务部门	不动产业务	证券代理业务				
统一核算业务毛利润		37,740	66,824	33,269	14,179	19,375	79,650	44,049	4,644	232,909
	单体	30,553	62,681	33,264	12,002	17,414	35,143	41,399	22,609	192,387
	利息收支	7,001	21,372	21,372	—	—	—	17,404	23,227	69,006
	非利息收支	23,551	41,308	11,891	12,002	17,414	35,143	23,995	Δ618	123,380
	子公司等	7,187	4,142	4	2,177	1,960	44,506	2,650	Δ17,965	40,521
	经费	36,080	23,750	9,544	6,477	7,727	50,625	12,008	19,206	141,670
统一核算实质业务净利润		1,660	43,073	23,724	7,701	11,647	29,025	32,041	Δ14,562	91,238

注：1. 代替一般企业的销售额，记载了统一核算业务的毛利润。

2. 统一核算业务毛利润，信托账户减值损失计提前。

3. 统一核算实质业务净利润是在一般坏账准备金计提前、信托账户减值损失计提前。

4. 本公司因为在内部管理上没有设置资产和负债部门，所以，不记载各报告部门的资产和负债。

5. 法人商务部门披露了"法人业务""不动产业务""证券代行业务"的各业务具体内容。

4. 报告部门合计额和中期统一核算财务诸表计算额之间的差额以及该差额的主要内容（关于调整事项）。

(单位：百万日元)

实质业务净利润	上次中期统一核算期间	本次中期统一核算期间
报告部门合计	107,075	91,238
一般坏账准备金计提	—	—
信托账目减值损失计提	0	0
信贷关系费用	Δ275	Δ403
坏账准备金转入利润	1,507	1,647
偶发损失准备金取入利润（信贷关联）	—	103
已计提减值损失：债券转回利润	192	458
股票等关联损益	1,929	13,466
根据份额法的投资损益	5,853	2,391
其他临时损益	Δ945	Δ3,355
中期损益计算书的经常性利润	115,336	105,547

注：根据调整记载的是统一核算实质业务净利润和中期统一核算计算书的一般利润计算额之间的差异。

【关联信息】

上次中期统一核算期间（自 2015 年 4 月 1 日至 2015 年 9 月 30 日）

1. 服务相关信息

因与报告部门相关信息相同，故而省略此次记录。

2. 地域相关信息

（1）经常性收益

(单位：百万日元)

日本	美国	欧洲	亚洲·大洋洲	其他	合计
304,387	12,697	26,153	11,406	4,826	359,472

注：1. 与一般企业的销售额相对，记载一般收益。

2. 经常性收益，以本公司的分公司以及关联子公司的所在地作为基盘，以国家或者地域分类。

（2）有形固定资产

由于本公司集团在本邦所在的有形固定资产的金额超过中期合并借贷对照表的有形固定资产的金额 90%，故省略此次记录。

（3）主要相关顾客信息

由于特定顾客所对应的经常性收益未占经常性收益的 10% 以上，故省略此次记录。

本次中期统一核算期间（2016 年 4 月 1 日至 2016 年 9 月 30 日）

1. 服务相关的信息。

因与报告部门相关信息相同，故而省略此次记录。

2. 地域相关信息
（1）经常性收益

（单位：百万日元）

日本	美国	欧洲	亚洲、大洋洲	其他	合计
310,512	15,670	19,593	7,920	6,519	360,217

注：1. 与一般企业的销售额相对，记载经常性收益。

2. 经常性收益，以本公司的分公司以及关联子公司的所在地作为基盘，以国家或者地域分类。

（2）有形固定资产

由于本公司集团在本邦所在的有形固定资产的金额超过中期合并借贷对照表的有形固定资产的金额 90%，故省略此次记录。

（3）主要相关顾客信息

由于特定顾客所对应的经常性收益未占经常性收益的 10% 以上，故省略此次记录。

【报告分区固定资产的减损损失的相关情报】

前期中期统一核算期间（自 2015 年 4 月 1 日至 2015 年 9 月 30 日）

固定资产的减损损失，未在报告部门中分配，该当减损损失为 508 百万日元。

本次中期统一核算期间（自 2016 年 4 月 1 日至 2016 年 9 月 30 日）

固定资产的减损损失，未在报告部门中分配，相应减损损失为 1,339 百万日元。

【各报告部门商誉折价额以及未折旧余额相关情报】

前期中期统一核算期间（自 2015 年 4 月 1 日至 2015 年 9 月 30 日）

（单位：百万日元）

	零售部门	法人业务部门			受托财产部门	国际市场部门	其他	合计
		法人业务	不动产业务	证券代理业务				
上次中期折旧额	—	22	—	22	509	—	—	531
上次中期期末余额	—	675	—	675	17,898	—	—	18,574

本次中期统一核算期间（自 2016 年 4 月 1 日至 2016 年 9 月 30 日）

（单位：百万日元）

	零售部门	法人业务部门			受托财产部门	国际市场部门	其他	合计
		法人业务	不动产业务	证券代理业务				
本次中期折旧额	—	22	—	22	513	—	—	535
本次中期期末余额	—	631	—	631	18,550	—	—	19,182

【报告区分发生负值商誉收益额的相关情报】

（1）前期中期统一核算期间（自 2015 年 4 月 1 日至 2015 年 9 月 30 日）

无相应事项。

本次中期统一核算期间（自 2016 年 4 月 1 日至 2016 年 9 月 30 日）

无相应事项。

（每股相当信息）

1 股净资产额以及计算基础

		上次统一核算年度 （2016 年 3 月 31 日）	本次中期统一核算期间 （2016 年 9 月 30 日）
1 股净资产额		675 日元 66 钱	671 日元 31 钱
（计算基础）			
净资产的区分合计额	百万日元	2,470,166	2,444,507
净资产的区分合计额所扣金额	百万日元	173,438	162,591
有关非控股股东股份	百万日元	173,438	162,591
有关股通股票中期期末（期末）的净资产额	百万日元	2,296,727	2,281,916
1 股净资产额的计算所用中期期末（期末）的普通股票的数量	千股	3,399,187	3,399,187

1 股中期净利润金额以及计算上的基础和潜在股调整后 1 股中期净利润以及计算基础

		上次统一核算期间 （自 2015 年 4 月 1 日 至 2015 年 9 月 30 日）	本次中期统一核算期间 （自 2016 年 4 月 1 日 至 2016 年 9 月 30 日）
（1）1 股净资产额		23 日元 51 钱	19 日元 25 钱
（计算基础）			
母公司所有中期净利润	百万日元	79,594	65,439
普通股东未所有金额	百万日元	—	—
关于普通股票母公司股东所有中期净利润	百万日元	79,594	65,439
普通股票的其中平均股票数量	千股	3,384,559	3,399,187
（2）潜在股票调整后 1 股中期净利润金额		23 日元 49 钱	19 日元 24 钱
（计算基础）			
关于普通股票母公司股东所有中期净利润	百万日元	Δ67	Δ16
有关份额法适用关联公司的潜在股票调整额	百万日元	Δ67	Δ16
普通股票增加数量	千股	—	—

（2）其他

无相应事项。

2. 中期财务诸表

（1）中期财务诸表
①中期资产负债表

（单位：百万日元）

	上次统一核算年度 （2016 年 3 月 31 日）	本次中期统一核算期间 （2016 年 9 月 30 日）
资产部分		
现金应解汇款	※7 6,590,057	※7 8,078,391
短期贷款	240,231	13,622
支付的债券借贷交易保证金	886,878	—
购买的金钱债权	523	251
特定交易资产	372,594	555,967
金钱的信托	13,040	12,892
有价证券	※1、※7、※11 17,426,047	※1、※7、※11 16,273,032
贷款	※2、※3、※4、※5、※6、※7、※8 13,192,538	※2、※3、※4、※5、※6、※7、※8 13,573,206
外国外汇	36,875	49,378
其他资产	723,209	832,269
其他的资产	723,209	832,269
有形固定资产	150,154	148,159
无形固定资产	57,496	59,063
预付年金费用	262,799	267,356
支付承诺（求偿权）	405,141	384,442
呆账准备金	Δ37,084	Δ34,114
资产区分合计	40,320,504	40,213,919
负债区分		
存款	※7 13,345,415	※7 14,532,416
定期存单	4,573,223	4,253,469
拆息	193,932	674,182
（买入）回购协议应付款	※7 5,205,060	※7 5,289,109
受领的债权借贷交易保证金	※7 1,926,430	※7 2,029,250
商业票据	628,243	395,055
特定交易负债	150,560	148,504
借款	※7、※9 2,110,470	※7、※9 2,105,034
外国外汇	418	500
短期公司债	126,993	533,999
公司债	※10 847,129	※10 824,732
信托科目借入	7,152,449	5,616,214
其他负债	1,150,631	912,339
未支付的法人税等	9,162	10,759
租赁债务	105	130
资产清理债务	1,892	1,826
其他负债	1,139,470	899,623
奖金准备金	4,564	4,791
高级管理人员奖金准备金	41	19
股票给付准备金	—	452
偶发损失准备金	7,632	8,059
递延税款负债	254,316	249,411
再评估的递延税款负债	4,336	4,336
支付承诺	※7 405,141	※7 384,442
负债部分的合计	38,086,991	37,966,32

续表

	上次统一核算年度 （2016 年 3 月 31 日）	本次中期统一核算期间 （2016 年 9 月 30 日）
净资产部分		
资本金	324, 279	324, 279
资本盈余	422, 083	422, 083
资本准备金	250, 619	250, 619
其他资本盈余	171, 464	171, 464
利益盈余	943, 842	968, 191
利益准备金	73, 714	73, 714
其他利益准备金	870, 128	894, 477
退休慰问金	710	710
其他用途公积金	138, 495	138, 495
递延利益盈余	730, 923	755, 272
股本资本合计	1, 690, 205	1, 714, 554
其他有价证券评估差额金	614, 205	592, 310
递延保值损益	Δ67, 592	Δ57, 774
土地再评估差额金	Δ3, 305	Δ1, 492
评估、换算差额等合计	543, 306	533, 042
净资产合计	2, 233, 512	2, 247, 597
负债以及净资产的合计	40, 320, 504	40, 213, 919

② 中期损益计算书

（单位：百万日元）

	上次中期统一核算期间 （自 2015 年 4 月 1 日 至 2015 年 9 月 30 日）	本次中期统一核算期间 （自 2016 年 4 月 1 日 至 2016 年 9 月 30 日）
经常性收益	288,591	302,086
信托报酬	45,638	49,897
资金运用收益	133,506	128,844
（其中贷款利息）	45,206	46,004
（其中有价证券分红）	84,796	76,679
业务交易等收益	65,685	65,576
特定交易收益	10,528	7,307
其他业务收益	21,103	28,304
其他经常性收益	※1　12,128	※1　22,155
经常性费用	189,041	196,570
资金筹措费用	37,650	59,848
（其中存款利息）	11,544	11,465
业务交易费用	15,708	15,527
特定交易费用	484	60
其他业务费用	35,952	12,117
营业经费	※2　90,974	※2　104,909
其他经常性费用	※3　8,271	※3　4,108
经常性利益	99,549	105,515
特别损失	※4　11	※4　36
特别损失	※5　465	※5　5,593
税前中期净利益	99,095	99,959
法人税、住民税以及营业税	22,901	25,485
法人税等调整金额	5,835	△1,255
法人税等合计	28,736	24,230
中期净利益	70,359	75,728

③中期股本资本变动计算书

上次中期统一核算期间（自 2015 年 4 月 1 日至 2015 年 9 月 30 日）

（单位：百万日元）

	股本资本						
		资本盈余金			利润盈余金		
						其他利润盈余	
	资本金	资本准备金	其他资本盈余	资本盈余合计	利润准备金	退休金基金	其他用途公积金
当期期首余额	324,279	250,619	161,695	412,315	73,714	710	138,495
本次中期变动额							
发行新股			9,768	9,768			
盈余金分配							
中期净利润							
股本资本以外的项目的本次中期变动额（净额）							
本次中期变动额合计	—		9,768	9,768	—	—	—
本次中期期末余额	324,279	250,619	171,464	422,083	73,714	710	138,495

	股本资本			评估·换算差额等				净资产合计
	利润盈余							
	其他利润盈余							
	递延利润盈余	利润盈余金合计	股本资本合计	其他有价证券评估差额金	递延套期损益	土地再评估差额金	评估、换算差额等合计	
当期期首余额	645,601	858,520	1,595,114	665,776	△57,003	△3,237	605,534	2,200,649
本次中期变动额								
发行新股			9,768					9,768
盈余金分配	△35,472	△35,472	△35,472					△35,472
中期净利润	70,359	70,359	70,359					70,359
股本资本以外的项目的本次中期变动额（净利润）				△137,381	3,236	11	△134,133	△134,133
本次中期变动额合计	34,886	34,886	44,654	△137,381	3,236	11	△134,133	△89,478
本次中期期末余额	680,487	893,406	1,639,769	528,394	△53,767	△3,226	471,401	2,111,170

本次中期统一核算期间（自 2016 年 4 月 1 日至 2016 年 9 月 30 日）

（单位：百万日元）

	股本资本						
	资本金	资本盈余			利润盈余		
		资本准备金	其他资本盈余	资本盈余合计	利润准备金	其他利润盈余	
						退休慰问金基金	其他用途公积金
当期期首余额	324,279	250,619	171,464	422,083	73,714	710	138,495
本次中期变动额							
盈余分配							
中期净利润							
土地再评估差额金的减损①							
股东资本以外的项目的本次中期变动额（净利润）							
本次中期变动额合计	—	—	—	—	—	—	—
本次中期期末残额	324,279	250,619	171,464	422,083	73,714	710	138,495

	股本资本			评估、换算差额等				净资产合计
	利润盈余		股本资本合计	其他有价证券评估差额金	递延套期损益	土地再评估差额金	评估、换算差额等合计	
	其他利润盈余	利润盈余合计						
	递延利润剩余							
当期期首余额	730,923	943,842	1,690,205	614,205	Δ67,592	Δ3,305	543,306	2,233,512
本次中期变动额								
盈余分配	Δ49,567	Δ49,567	Δ49,567					Δ49,567
中期净利润	75,728	75,728	75,728					75,728
土地再评估差额金的减损	Δ1,813	Δ1,813	Δ1,813					Δ1,813
股东资本以外的项目的本次中期变动额（净额）				Δ21,894	9,817	1,813	Δ10,263	Δ10,263
本次中期变动额合计	24,348	24,348	24,348	Δ21,894	9,817	1,813	Δ10,263	14,084
本次中期期末余额	755,272	968,191	1,714,554	592,310	Δ57,774	Δ1,492	533,042	2,247,597

---

① 译者注：处分土地或土地价值大幅度下跌，土地再评估价值低于账面价格时，需要对土地再评估差额进行减损处理，减损金额 = 价值减少部分 × （1 − 有效法定税率）。

相关说明

（重要的结算原则）

1. 特定交易资产、负债的评估标准和收益、费用计算标准

利用利息、通货价格、金融商品市场行情其他指标短期的波动、市场之间的差距等获得利润为目的（以下简称"特定交易目的"）的交易，以交易约定的时点为基准，计入中期资产负债表上的"特定交易资产"及"特定交易负债"，同时，该交易的损益（利息，出售损益和评估损益）计入中期损益表上的"特定交易收益"和"特定交易费用"。

特定交易资产及特定交易负债的评估，依照市值法进行。

2. 有价证券的评估标准和评估方法

（1）有价证券的评估，对子公司的股票及关联公司的股票采取移动平均法的成本法，其他有价证券原则上依据中期结算日的市场价格等的市值法（对出售成本依据移动平均法计算）。但是，对于难以把握市场价格的有价证券，根据移动平均法的成本法计算。

另外，其他证券的评估差额，除了适用市值套期保值所反映出来的损益金额外，依全部资产直入法处理。

（2）以证券运用为主要目的的单独运用的金钱的信托的信托财产的证券评估，适用市值法。

3. 衍生品交易的评估标准和评估方法

衍生品交易（特定交易目的的交易除外）原则上根据市值法进行评估。

4. 固定资产减值摊销方法

（1）有形固定资产（租赁资产除外）

依据定率法进行折旧摊销，年折旧报价金额按照期间比例计入。另外，主要使用年限如下表所示。

建筑物	15～50 年
其他	4～15 年

（2）无形固定资产（租赁资产除外）

无形固定资产，依定额法摊销。

另外，本公司使用的软件根据公司固定可利用期间（主要是 5 年），对于商誉，按其效果波及期间进行摊销。

（3）租赁资产

不转移所有权的融资租赁交易的"有形固定资产"中的租赁资产，以租赁期间为使用年限，依定额法摊销。另外，对于剩余价值，租赁合同中对其有约定的按照约定，其他的作为零处理。

5. 准备金核算基准

（1）坏账准备金

坏账准备金是指根据事先约定的资产自查基准以及折价、准备金基准，如下所示计入。

在破产，特别清算，受到证券交换所的停止交易处分等，对法律上、形式上出现经营破绽事实的债务人（以下称破产人）的债权以及实质上已陷入经营破绽债务人（以下称实质

破产人）的债权，从下列直接减额后的账面价值中扣除实现担保可能得到的金额及因保证可能回收的且被认可的金额，计算出剩余金额。今后，对可能会陷入经营破绽的债务人的债权（以下称破产风险人）中，不能合理估算回收债权的本金以及利息现金流的债权，从债权额中扣除处分担保可能获得的金额及因保证可能回收且被认定的金额，在剩余金额中，计提了根据综合判断债务人的支付能力所需要的金额。对破产风险人以及今后应关注其管理的债务人的债权，不能合理估算回收债权的本金以及利息现金流的债权，该现金流以当初约定利率计算得出的金额与债权的账簿价值额的差额计提。

除上述以外债权，根据过去一段期间内坏账数据等计算出的坏账准备比率乘以债权额计提。对于特定海外债权，因对象国的政治经济形势发生的损失估算金额作为特定海外债权准备金科目计提。

所有债权，根据资产的自我评估标准，营业部门、店铺以及审查管理部门实施资产核定，具有独立性的资产检查机构监察审计出的核定结果。

另外，对破产单位以及实质破产的单位享有担保、保证的债权，从债权额中扣除担保的评估额以及可回收的保证额，作为不能回收的估算金额，从债权中直接减去不能回收的估算金额，即 8,798 百万日元（上次统一核算年度末 7,970 百万日元）。

（2）奖金准备金

奖金准备金是为了支付高级管理人员的奖金，在高级管理人员的奖金预计支付金额中，计提了本次中期统一核算期间的金额。

（3）高级管理人员奖金准备金

高级管理人员奖金准备金是为了支付高级管理人员等奖励的，对高级管理人员的奖金预计支付金额中，计提了本次中期统一核算期间的金额。

（4）股票给付准备金

股票给付准备金，是支付基于本公司的高级管理人员等业绩联动型股票报酬制度的报酬，在对高级管理人员等报酬的支付估算金额中，计提了本次中期统一核算期间发生的金额。

（5）退职给付准备金

退休给付准备金，是为提供员工退休给付，根据本事业年度末退休给付债务和年金资产的预算额为基础，计入了本次中期会计期间发生金额。但是，年金资产额超过考虑了未计入过去工作费用以及未识别的数理计算上的退休支付债务的，计入"预付养老金费"科目。另外，计算退休给付债务时，将退休给付预计额归入本中期会计期间的期间是依据给付计算公示式标准计算。另外，对过去工作费用及数理计算上的差异产生的费用的处理方法如下。

过去工作费用：其发生时的员工的平均剩余工作期间内的一定年限（10～15 年）依定额法处理。

数理费用计算上的差异：开始统一核算时。依据员工的平均剩余工作期间内一定年份（10～15 年）和定格法分摊份额，并从各自发生统一核算的下一年度开始进行费用处理。

（6）偶发损失准备金

偶发损失准备金是指为了出表交易和信托交易等偶然发生的损失，计提将来可能会发生损失的金额。

6. 外币资产、负债与本国货币的换算标准

外币的资产负债和海外的分支机构的会计处理，子公司与关联公司的股票除外，附有中期决算日的汇率换算金额。对于子公司及关联公司的股票，附有取得时或市场变动风险的对冲交易实施时的日元换算金额。

7. 对冲会计的方法

（1）利率风险、套期

识别金融资产、负债所产生的利率风险为对象的保值会计的方法，根据不同行业审计委员会报告第 24 号《关于银行业金融商品会计标准适用的会计上和审计的处理》（2002 年 2 月 13 日日本公认会计师协会，以下简称《不同行业审计委员会报告第 24 号》）以及会计制度委员会报告第 14 号《关于金融商品会计实务指针》（2000 年 1 月 31 日日本公认会计师协会）的规定，进行综合保值或个别保值。套期保值会计处理方法，满足利率掉期等特别处理的，进行特别处理，除此之外，进行递延保值。

抵消固定利息的存款、贷款等的市场行情的套期保值，依据以个别或行业监察委员会报告第 24 号，在一定的剩余时间内分组对保值对象进行识别，将利率掉期交易等作为保值手段。抵消属于其他有价证券区分的固定利率债券的市场变动保值，分类识别保值对象，利率掉期交易等作为套期保值手段。因指定了保值对象和保值手段的重要条件几乎相同的保值，具有较高效益，以此替代有效性的判定。

固定利率与浮动利率的存款、贷款等以及短期固定利率的存款、贷款相关的预期交易的现金流的套期保值，基于《行业监察委员会报告第 24 号》的利率指数以及每一个利息调整期间，分组识别套期保值的对象，指定将利率掉期交易作为保值手段。因指定了保值对象和保值手段的重要条件几乎相同的套期保值，具有一定效益，以此替代有效性的判定，除此之外，通过检验利息变动要素的关联关系评价其有效性。

（2）关于汇率波动风险、保值

由外汇资产、负债产生的汇率变动风险问题的套期保值会计处理，依据行业监察委员会报告第 25 号《有关银行业的外汇交易会计处理之会计核算和审计的处理》（2002 年 7 月 29 日日本公认会计师协会，以下简称，日本的一个行业的审计委员会报告第 25 号）外汇债权债务等依据货币种类分组作为套期保值的识别对象，同一货币的货币掉期交易及外汇期货合同（资金相关对冲交易）指定为套期保值手段，套期会计的方法是递延套期保值。减低外汇债权债务等汇率波动的风险为目的进行的货币掉期交易等作为套期保值手段，确认存在与作为对冲对象的外汇债权债务等相称的对冲手段的外汇头寸金额，作为其有效性的评价。

此外，为保值外汇以及其他证券（债券以外）的汇率变动风险，同一货币的外汇金钱债务以及外汇期货合同作为套期手段，进行概括性套期保值，适用现价套期。

（3）股价变动风险、套期保值

本公司持有的其他有价证券中，为保值以政策投资为目的持有股票的市场变动风险，总收益互换为手段进行个别套期保值，套期保值对冲的有效性评价，根据保值对象的市值变动和保值手段的市值变动等的关联关系进行检验。保值核算方法，依市值保值。

（4）内部交易等

衍生商品交易中，统一核算公司间以及特定交易科目以及其他会计科目之间（或内部

部门间）的内部交易，作为指定保值手段之利息掉期交易以及通货掉期交易等，依据行业监察委员会第 24 号以及第 25 号，因排除恣意性，基于具有严格的保值运营可能性之对外覆盖交易的标准进行运用，不冲抵该当利息掉期交易以及通货掉期交易等产生的损益或评价差额，作为中期统一核算期间的损益处理，或者进行递延处理。

8. 其他中期财务报表制作的基本重要事项

（1）退休给付的会计处理

对退休给付的未识别的数理计算的差异和过去的工作费用的会计处理的方法，和中期合并财务报表中的会计处理方法不同。

（2）消费税等的会计处理

消费税及地方消费税（以下称消费税等）的会计处理，以税后净额法计算。

另外，不在扣除对象范围内的资产消费税计入发生的事业年度的费用。

（3）合并纳税制度的适用

本公司适用于统一核算股份有限公司三菱 UFJ 金融集团母公司的统一核算纳税制度。

（4）票据贴现及再贴现的会计处理

票据贴现及再贴现，根据《不同行业审计委员会报告第 24 号》，作为金融交易处理。

（附加信息）

《企业会计标准适用指南第 26 号》"关于递延税款资产的回收可能性适用方针"（2016 年 3 月 28 日企业会计标准委员会）于本次中期统一核算期间开始适用。

（中期资产负债表关系）

※1. 关联公司的股票以及出资金总额

	上次统一核算期间 （2016 年 3 月 31 日）	本次中期统一核算期间 （2016 年 9 月 30 日）
股票以及出资金	286,617 百万日元	281,972 百万日元

※2. 因消费借贷合同而借贷的有价证券及附回购协议交易而接受的证券中，享有可出售、或者再担保的的自由处分权利证券如下。

	上次统一核算期间 （2016 年 3 月 31 日）	本次中期统一核算结算期间 （2016 年 9 月 30 日）
提供再担保的有价证券	374,511 百万日元	574,734 百万日元
本次中期统一核算期间末（上次统一核算年度末）未处分而持有的有价证券	14,480 百万日元	28,896 百万日元

因票据贴现接受的商业票据以出售或再担保的方法享有自由处分权的券面值如下所示。

	上次统一核算年度 （2016 年 3 月 31 日）	本次中期统一核算期间 （2016 年 9 月 30 日）
	1,189 百万日元	712 百万日元

※3. 贷款中，破产人债权额和迟延债权额如下列所示。

	上次统一核算年度 （2016 年 3 月 31 日）	本次中期统一核算期间 （2016 年 9 月 30 日）
破产人债权额	526 百万日元	563 百万日元
迟延债权额	32,576 百万日元	10,237 百万日元

破产人债权是指，本金或利息的支付持续了一定期间或因其他事由致使无望收回本金和利息，且未计入未收利息的贷款（排除坏账减值损失计提的部分。以下称"计入未收利息贷款"）中，根据《法人税法施行令》（昭和 40 年政令第 97 号）第 96 号第一款第三项 1－3 到所示事由或同款第四项的规定产生的贷款。

滞延债权是指，计入未收利息贷款，破产人债权以及为再建或支援债务人的经营为目的，利息的支付得到宽限以外的贷款。

※4. 贷款的过程中，3 个月以上的债权额如下。

	上次统一核算年度 （2016 年 3 月 31 日）	本次中期统一核算期间 （2016 年 9 月 30 日）
3 个月以上递延税款	214 百万日元	201 百万日元

另外，3 个月以上的滞延债权，是指从本金或利息的约定支付日的次日起算，迟延 3 个月以上贷款中，不属于破产人债权与迟延债权的债权。

※5. 贷款的过程中，放宽贷款条件的债权额如下列所示。

	上次统一核算年度 （2016 年 3 月 31 日）	本期中期统一核算期间 （2016 年 9 月 30 日）
放宽贷款条件债权额	9,886 百万日元	27,170 百万日元

另外，放宽贷款条件是指，为了债权须债务人的经营重建，减免利率、宽限利息支付期限、宽限本金偿还，放弃债权或其他约定了对债务人有利的贷款中，不属于破产人债权，先延滞债权及 3 个月以上延滞债权的债权。

※6. 破产人债权额，迟延债额，3 个月以上迟延债权和放宽贷款条件债权额的合计额如下所示。

	上次统一核算年度 （2016 年 3 月 31 日）	本次中期统一核算期间 （2016 年 9 月 30 日）
合计额	43,203 百万日元	38,172 百万日元

另外，上述 3~6 所列的债权额，是扣除坏账准备前的金额。

※7. 提供担保的资产如下所示。

	上次统一核算年度 （2016 年 3 月 31 日）	本次中期统一核算期间 （2016 年 9 月 30 日）
现金应解汇款	6,194 百万日元	6,568 百万日元
有价证券	1,923,969 百万日元	817,534 百万日元
贷款	1 百万日元	1,007,769 百万日元
担保资产支持债务		
存款	35,000 百万日元	40,000 百万日元
借款	1,608,961 百万日元	1,455,778 百万日元
支付承诺	130,389 百万日元	129,116 百万日元

除上述以外，因替代外汇结算等交易的担保或期货交易保证金等，提供以下资产。

	上次统一核算年度 （2016 年 3 月 31 日）	本次中期统一核算期间 （2016 年 9 月 30 日）
有价证券	2,719,129 百万日元	1,748,525 百万日元
贷款	847,728 百万日元	599,078 百万日元

另外，因买入回收交易附回购条件的转让或附现金抵押债券借贷交易而借出的资产如下所示。

	上次统一核算年度 （2016 年 3 月 31 日）	本次中期统一核算期间 （2016 年 9 月 30 日）
有价证券支持债务	6,847,470 百万日元	6,965,311 百万日元
（买入）回购协议应付款	4,829,134 百万日元	4,921,496 百万日元
债券借贷交易接受的保证金	1,926,430 百万日元	2,029,250 百万日元

※8. 关于透支合同以及贷款等授信额度合同，是指在收到客户申请融资时，若无违反合同所约定的条件，在一定的额度内发放贷款的合同。为执行这些合同融资的余额如下表所示。

	上次统一核算年度 （2016 年 3 月 31 日）	本次中期统一核算期间 （2016 年 9 月 30 日）
融资未执行余额	7,988,346 百万日元	8,066,457 百万日元

另外，因这些合同的大部分是不需要执行融资而归于终了的合同，因此，融资未执行余额并不一定会影响本公司以及统一核算子公司未来的现金流。这些合同大部分附有出现金融情势发生变化、债权保全以及其他相应事由时，本公司以及统一核算子公司可以拒绝融资申请或减少合同最大放款额度的条款。另外，签订合同时，可以要求提供不动产、有价证券等担保，合同签订后，定期依据公司事先制定的内部程序把握客户的企业活动情况根据需要修改合同，构建了信贷保全措施。

※9. 借款包括附劣后于其他债务履行约定的劣后借款。

	上次统一核算年度 （2016 年 3 月 31 日）	本次中期统一核算期间 （2016 年 9 月 30 日）
附劣后约定借款	260,000 百万日元	255,000 百万日元

※10. 公司债券包含附劣后条款的公司债。

	上次统一核算年度 （2016 年 3 月 31 日）	本次中期统一核算期间 （2016 年 9 月 30 日）
附劣后约定的公司债	240,000 百万日元	240,000 百万日元

※11. 有价证券中的公司债，对有价证券的私募集（金融商品交易法第 2 条第 3 项）公司债的担保债务额。

	上次统一核算年度 （2016 年 3 月 31 日）	本次中期统一核算期间 （2016 年 9 月 30 日）
	16,441 百万日元	19,148 百万日元

12. 签订了本金保本合同的信托的本金额如下所示。

	上次统一核算年度 （2016 年 3 月 31 日）	本次中期统一核算期间 （2016 年 9 月 30 日）
金钱信托	7,111,058 百万日元	5,532,965 百万日元

13. 本公司的子公司 MUFG Alternative Fund Services（Cayman）有限公司（以下称"该子公司"）适用于当地的金融监管的大额信贷有关规制，根据开曼群岛金融管理局的要求提供保证，对相应子公司提供以下的金额为上限的保证备忘录。

上次统一核算年度 （2016 年 3 月 31 日）	本次中期统一核算期间 （2016 年 9 月 30 日）
250 百万美元（28,157 百万日元）	250 百万美元（25,265 百万日元）

14. 关联海外子公司的客户的交易，作为母公司与健全管理该子公司的业务，为能使相应子公司履行金融债务，约定进行经营监督等的经营指导备忘录，已提交给海外金融当局。

主要经营指标等的推移（单体）

三菱 UFJ 信托银行

（单位：百万日元）

回次	第 8 期	第 9 期	第 10 期	第 11 期	第 12 期中
年度	2012 年度	2013 年	2014 年	2015 年	2016 年度中期
经常性收益	529,501	538,198	531,226	571,346	302,086
信托报酬	70,634	79,991	86,728	90,917	49,897
经常性利益	136,293	195,077	210,078	206,507	105,515
当期净利润	125,168	136,326	140,757	159,981	—
资本金	324,279	324,279	324,279	324,279	324,279
（已发行股票总数）	普通股票 3,369,441 千股第一回 优先股票 一千股	普通股票 3,369,441 千股第一回 优先股票 一千股	普通股票 3,369,443 千股第一回 优先股票 一千股	普通股票 3,399,187 千股	—
净资产额	1,693,458	1,815,312	2,200,649	2,233,512	3,247,597
总资产额	28,823,445	30,294,278	36,271,336	40,320,504	40,213,919
存款余额	11,780,164	12,485,142	12,741,410	13,345,415	14,532,416
贷款余额	11,273,483	11,909,155	12,609,827	13,192,538	13,573,206
有价证券余额	14,385,072	14,974,915	17,186,742	17,426,047	16,273,032
每股净资产额	502.59 日元	538.75 日元	653.11 日元	657.07 日元	—
每股股息额	普通股票 7.71 日元第一回 优先股票 5.30 日元	普通股票 12.47 日元第一回 优先股票 5.30 日元	普通股票 22.04 日元第一回 优先股票 —	普通股票 21.48 日元	普通股票 14.47 日元
（每股中期股息额）	普通股票 3.86 日元第一回 优先股票 2.65 日元	普通股票 5.06 日元第一回 优先股票 2.65 日元	普通股票 11.51 日元第一回 优先股票 —	普通股票 6.59 日元	—
每股当期净利润金额	37.14 日元	40.45 日元	41.77 日元	47.16 日元	—
潜力股票调整后每股当期净利润金额	37.14 日元	40.45 日元	41.77 日元	47.16 日元	—
单体自有资本比例（国际统一基准）	—	—	—	—	—
单体普通股票等 Tier1 比例	12.49%	13.72%	14.31%	16.58%	17.17%
单体 Tier1 比例	13.22%	14.37%	14.86%	17.45%	18.07%
单体总体自有资本比例	17.94%	18.51%	19.11%	21.08%	21.81%
股利分配比率	20.75%	30.82%	52.75%	45.54%	—
员工数	6,889	6,868	6,879	6,963 人	7,052 人
信托财产额	58,042,067	66,102,361	73,316,071	82,820,257	82,890,520

续表

回次	第 8 期	第 9 期	第 10 期	第 11 期	第 12 期中
（含职务分工型共同受托财产）	(120,720,918)	(134,617,151)	(146,323,327)	(153,710,390)	149,180,508
信托科目借款余额	103,654	99,677	112,376	150,571	172,918
（含职务分工型共同受托财产）	(103,654)	(99,677)	(112,376)	(150,571)	(172,918)
信托科目有价证券余额	205,219	302,501	369,975	504,586	535,574
（含职务分担性共同受托财产）	(52,034,347)	(55,572,673)	(58,086,929)	(53,614,888)	(52,375,631)
总资产利润率（ROA）					
一般利润率	0.50%	0.68%	0.63%	0.58%	0.52%
当期净利润率	0.46%	0.47%	0.42%	0.45%	0.37%
资本利润率（ROA）					
一般利润率	8.72%	11.11%	10.46%	9.31%	9.39%
当期净利润率	8.01%	7.77%	7.00%	7.21%	6.74%

注：1. 消费税及地方消费税的会计处理，根据税后净额法计算。

2. 每股分红中临时分红包含 11 期 9.31 日元，12 期 13.57 日元，12 期中 8.91 日元。

3. 每股分红金额中临时分配包括第 10 期 4.32 日元，第 11 期 9.31 日元。

4. "每股净资产额"，"每股盈利金额"和"潜在股票调整后每股净利润金额"的计算，适用企业会计标准第 2 号《1 股当期纯利润基准》和企业会计标准适用指南第 4 号《每股利润的会计标准适用指南》（2013 年 9 月 13 日企业会计标准委员会）。

5. 单体自有资本比率是，根据《银行法》第 14 条之 2 的规定，依据 2006 年金融厅告示第 19 号规定的算式，适用国际统一基准计算得出。根据上述告示第 19 号、2014 年金融厅告示第 7 号，计入 2012 年度比"单体普通股份等 Tier 1 比例"，"单体 Tier 1 比例"，"单体总自有资本比率"。2014 年以前自有资本比率系各计数问题，在风险·资产的额度内，计算下限调整额①所必要的以巴塞尔 I 的住宅贷款债权作为中心的部分债权，针对已明确的风险比重等的错误计入，进行了再计算，这些金额也反映在报表中。

6. 股利分配比率，当期的普通股股利金额，除以从当期纯利润中扣除当期优先股股利总额进行计算。

7. 信托财产额、信托科目贷款余额及信托账户有价证券余额，括号内记载包括内职务分工型共同受托方式委托的财产信托（"职务分工型共同财产"）金额。

8. 总资产利润率 $= \dfrac{利益}{总资产（扣除支付承诺金额②）平均余额} \times 100$

9. 资本利润率 $= \dfrac{利益 - 有限股股息总额}{\left\{\left(\dfrac{期首纯}{资产区分合计} - \dfrac{期首已发行}{优先股数量} \times 发行价格\right) + \left(\dfrac{期末纯}{资本区分合计} - \dfrac{期末已发行}{优先股数量} \times 发行价格\right)\right\} \div 2} \times 100$

○财务诸表

本公司的财务报表，即资产负债表、损益表、股东权益变动表及附属明细表，是依据《金融商品交易法》第 193 条 2 第 1 款的规定，经过有限责任监查法人德勤的监查证明。以下的资产负债表、损益表及股东权益变动表准是在上述财务报表基础上制作的。

本公司的财务报表根据《财务报表等的用语，形式及制作方法的规则》的规则（昭和 38 年大藏省第 59 号）制作，关于资产与负债及收益与费用，根据《银行法施行规则》（昭和 57 年大藏省第 10 号）规定的分类计入。

---

① 译者注：计算下限调整金额是指，计算自有资本的下限，调整自有资本的分母的金额。

② 译者注：履行保证债务后获得的求偿权，将支付承诺同等金额计入资产科目。

1. 资产负债表

（单位：百万日元）

	2014 年末 （2015 年 3 月 31 日）	2015 年末 （2016 年 3 月 31 日）
资产的部分		
现金应解汇款	4,445,069	6,590,057
现金	28,402	298,854
应解汇款	4,416,666	6,291,203
短期贷款	129,117	240,231
债券借贷交易支付保证金	—	886,878
买入金钱债权	1,383	523
特定交易资产	438,754	372,594
商品有价证券	8,106	5,561
商品有价证券派生商品	0	2
特定交易有价证券	454	418
特定金融派生商品	171,124	162,615
其他特定交易资产	259,068	203,997
金钱信托	13,256	13,040
有价证券	17,186,742	17,426,047
国债	6,190,746	6,407,888
地方债券	163	39,813
公司债券	313,509	565,884
股票	1,169,857	1,082,980
其他证券	9,512,466	9,329,480
贷款	12,609,827	13,192,538
贴现票据	1,387	1,189
票据放款	475,955	407,688
证书贷款	10,498,396	11,414,544
短期透支	1,634,087	1,369,116
外国汇兑	24,891	36,875
应付外国银行款项	20,009	35,024
应收国外票据	4,881	1,851
其他资产	654,237	723,209
预付费用	871	1,587
应计收益	128,582	127,730
期货市场初始保证金	16,318	28,803
期货市场波动幅度	4	0
金融派生商品	259,262	330,562
交付的金融商品等担保金	128,253	56,801
其他资产	120,944	177,724

续表

	2014 年末 （2015 年 3 月 31 日）	2015 年末 （2016 年 3 月 31 日）
负债部分		
存款	12, 741, 410	13, 345, 415
活期存款	223, 647	186, 473
普通存款	2, 425, 733	3, 026, 907
即期存款	104, 021	99, 143
定期存款	9, 364, 870	9, 347, 891
其他存款	623, 138	684, 999
可转让存单	4, 837, 879	4, 573, 223
短期贷款	1, 354, 566	193, 932
（买入）回购协议应付款	5, 849, 069	5, 205, 060
受领的债券借贷交易保证金	2, 558, 657	1, 926, 430
商业票据	516, 964	628, 243
特定交易负债	160, 122	150, 560
商品有价证券派生商品	0	—
特定金融派生商品	160, 122	150, 560
借金	1, 851, 860	2, 110, 470
借入金	1, 851, 860	2, 110, 470
外国汇兑	3, 439	418
应付外国银行款项	342	393
外国他店借金	3, 073	—
应付国外票据	24	24
短期公司债券	79, 995	126, 993
公司债券	687, 935	847, 129
信托科目借款	1, 796, 031	7, 152, 449
其他负债	961, 027	1, 150, 631
应付法人税	18, 151	9, 162
应付费用	29, 952	33, 723
预收收入	18, 835	14, 042
金融派生商品	454, 801	366, 981
受领的金融商品等保证金	50, 440	133, 348
租赁债务	61	105
资产报废债务	1, 907	1, 892
受领的有价证券交易金	326, 995	544, 448
其他负债	59, 881	46, 925
计提奖金	4, 319	4, 564
计提董事奖金	67	41
计提偶发损失准备金	7, 146	7, 632
递延税款负债	289, 642	254, 316
再评估的递延税款负债	4, 728	4, 336
支付承诺	365, 822	405, 141
负债部分合计	34, 070, 687	38, 086, 991

续表

	2014 年末 （2015 年 3 月 31 日）	2015 年末 （2016 年 3 月 31 日）
有形固定资产	148,449	150,154
建筑物	39,398	41,820
土地	99,444	98,727
风险资产	61	105
建设结账	1,365	14
其他有形固定资产	8,180	9,487
无形固定资产	53,216	57,496
软件	45,308	46,799
商誉	697	653
其他无形固定财产	7,210	10,043
预付年金费用	239,117	262,799
支付承诺（减值损失计提）	365,822	405,141
坏账准备金	Δ38,549	Δ37,084
资产的部分合计	36,271,336	40,320,504

（单位：百万日元）

	2014 年末 （2015 年 3 月 31 日）	2015 年末 （2016 年 3 月 31 日）
净资产的部分		
资本金	324,279	324,279
资本盈余	412,315	422,083
资本准备金	250,619	250,619
其他资本盈余	161,695	171,464
利润盈余	858,520	943,842
利润准备金	73,714	73,714
其他利润盈余	784,806	870,128
退休慰问基金	710	710
其他用途储备金	138,495	138,495
结转利益盈余	645,601	730,923
股东资本合计	1,595,114	1,690,205
其他有价证券评估差额金	665,776	614,205
递延套期保值损益	Δ57,003	Δ67,592
土地再评估差额金	Δ3,237	Δ3,305
评估、换算差额等合计	605,534	543,306
净资产的部分合计	2,200,649	2,233,512
负债以及净资产的部分合计	36,271,336	40,320,504

2. 损益计算表

（单位：百万日元）

	2014 年末（2014 年 4 月 1 日—2015 年 3 月 31 日）	2015 年末（2015 年 4 月 1 日—2016 年 3 月 31 日）
经常性收益	531,226	571,346
信托报酬	86,728	90,917
资金运用收益	237,600	250,600
贷款利息	91,429	92,660
有价证券利息分配金	139,435	149,543
短期贷款利息	400	360
债券借贷交易	0	8
存款利息	5,095	7,334
其他接收利息	1,239	693
业务交易等收益	127,346	134,922
接收外汇手续费	968	948
其他业务收入	126,378	133,974
特定交易收入	25,373	21,536
商品有价证券收益	334	267
特定交易有价证券收益	937	—
特定金融商品收益	23,768	20,971
其他特定交易收益	332	296
其他业务收入	19,170	46,704
外汇交易收益	4,945	6,430
国债等债券出售收益	14,040	40,144
其他业务收入	184	130
其他经常性收益	35,006	26,664
催缴债权收益	1,007	460
股票等出售收益	18,665	16,559
金钱的信托运用收益	1,821	706
其他经常性收益	13,512	8,937
经常性费用	321,147	364,838
资金筹集费用	65,559	86,686
存款利息	22,291	23,442
定期存单利息	9,033	11,321
拆息	1,664	1,781
（买入）回购协议利息	6,441	6,805
债券借贷利息	1,373	1,249
商业票据	1,005	2,226
租用利息	5,490	6,189
短期债券利息	10	61
公司债券利息	3,226	5,914
利率掉期利息	4,934	14,263
其他支出利息	10,086	13,430

续表

	2014 年末（2014 年 4 月 1 日—2015 年 3 月 31 日）	2015 年末（2015 年 4 月 1 日—2016 年 3 月 31 日）
业务交易等费用	29,067	30,115
支付外汇手续费	597	618
其他业务费用	28,469	29,497
特定交易费用	—	518
特定交易有价证券费用		518
其他业务费用	26,485	48,652
国债等债券出售损失	15,160	25,107
政府债券等债券减值损失计提损失	6,073	—
政府债券等债券减值损失计提	—	0
公司债券发行费用	1,892	1,461
金融派生商品费用	3,359	22,042
其他业务费用	—	40
经营经费	188,518	185,319
其他经常性费用	11,516	13,545
转结计提呆账准备金	1,999	763
贷款折旧	115	20
股票等出售损失	4,166	5,455
股票等折旧	439	1,987
金钱的信托运用损失	1,210	810
其他经常费用	3,584	4,507
经常性利润	210,078	206,507
特别利润	204	14,548
处置固定资产利益	204	81
在组织重组的外国子公司股票股利	—	14,467
特别损失	8,874	2,443
处分固定资产损失	3,418	882
减值损失	5,455	1,561
税前净利润	201,408	218,612
法人税，居民税及营业税	62,411	51,881
法人税等调整额	Δ1,760	6,749
法人税等	60,651	58,630
当期净利润	140,757	159,981

3. 股东资本等变动计算书
2014 年度（从 2014 年 4 月 1 日至 2015 年 3 月 31 日）

（单位：百万日元）

	股东资本									
		资本盈余			利润盈余					股东资本合计
	资本金	资本准备金	其他资本盈余	合计资本盈余	利润准备金		其他利润盈余		合计利润盈余	
						退休扶助金	其他用途储存金	转入利润盈余		
当期期首余额	324,279	250,619	161,695	412,315	73,714	710	138,495	589,621	802,540	1,539,134
依据结算方法累计影响额								△3,385	△3,385	△3,385
反映会计方针的变更当期首余额	324,279	250,619	161,695	412,315	73,714	710	138,495	586,235	799,154	1,535,749
当期变动额										
盈余分配								△78,305	△78,305	△78,305
当期净利润								140,757	140,757	140,757
土地在评估差额金的减损								△3,085	△3,085	△3,085
股东资本以外的项目的当期变动额（净额）										
合计当期变动额	—	—	—	—	—	—	—	59,365	59,365	59,365
当期期末余额	324,279	250,619	161,695	412,315	73,714	710	138,495	645,601	858,520	1,595,114

（单位：百万日元）

| | 评估、换算差额等 | | | | 合计净资产 |
	其他有价证券评估差额金	递延套期保值损益	土地再评估差额金	评估、换算差额金等合计	
当期期首余额	301,487	△18,503	△6,806	276,177	1,815,312
因会计核算变更产生的累计影响额					△3,385
反映结算方针的变更当期期首余额	301,487	△18,503	△6,806	276,177	1,811,926
当期变动额					
盈余分配					△78,305
当期净利润					140,757
土地在评估差额金的减损					△3,085
股东资本以外的项目的当期变动额（净额）	364,288	△38,500	3,568	329,356	329,356
合计当期变动额	364,288	△38,500	3,568	329,356	388,722
当期期末余额	665,776	△57,003	△3,237	605,534	2,200,649

2014 年度（从 2014 年 4 月 1 日至 2015 年 3 月 31 日）

（单位：百万日元）

	股东资本									
	资本金	资本盈余			利润盈余					股东资本合计
		资本准备金	其他资本盈余	合计资本盈余	利润准备金	退休扶助金	其他利润盈余		合计利润盈余	
							其他用途公积	转入利润盈余		
当期期首余额	324,279	250,619	161,695	412,315	73,714	710	138,495	645,601	858,520	1,595,114
当期变动额										
新股的发行			9,768	9,768						9,768
盈余分配								Δ74,971	Δ74,971	Δ74,971
当期净利润								159,981	159,981	159,981
土地在评估差额金的减损								312	312	312
股东资本以外的项目的当期变动额（净额）										
合计当期变动额	—	—	9,768	9,768	—	—	—	85,322	85,322	95,090
当期期末余额	324,279	250,619	171,464	422,083	73,714	710	138,495	730,923	943,842	1,690,205

（单位：百万日元）

	评估、换算差额等				合计净资产
	其他有价证券评估差额金	递延套期保值损益	土地再评估差额金	评估、换算差额金等合计	
当期期首余额	665,776	Δ57,003	Δ3,237	605,534	2,200,649
当期变动额					
新股的发行					9,768
盈余分配					Δ74,971
当期净利润					159,981
土地在评估差额金的减损					312
股东资本以外的项目的当期变动额（净额）	Δ51,570	Δ10,588	Δ68	Δ62,227	Δ62,227
合计当期变动额	Δ51,570	Δ10,588	Δ68	Δ62,227	32,863
当期期末余额	614,205	Δ67,592	Δ3,305	543,306	2,233,512

相关说明（2015 年度）

（重要的会计方针）

1. 特定交易资产负债的评价标准及收益费用的计入标准

关于特定交易资产、负债的评价基准以及收益、费用的计算标准

利用利息，通货价格，基于金融商品市场的行情和其他的指标的短期变动、以市场之间的差别等获得利润为目的（以下简称"特定交易目的"）的交易，交易约定的时点基准，中期统一核算资产负债表计入"特定交易资产"以及"特定交易负债"科目的同时，从该当交易中产生损益（利息，出售损益以及评价损益）计入中期统一核算损益结算书中"特定交易收益"以及"特定交易费用"科目。特定交易资产以及特定交易负债评估，按照市值计算。

2. 有价证券的评估基准以及评估方法

（1）有价证券的评估，持有到期债券根据移动平均法、摊余成本法（定额法），关于其他有价证券，原则上根据中期统一核算日的市场价格等基础的市值法（销售原价根据移动平均法计算）。但是，把握市值是极为困难的，根据移动平均法的成本法进行计算。

另外，其他有价证券的评估差额，除了适用公允价值套期能反映其损益的金额外，依据全部纯资产直入法进行处理。

（2）构成以运用有价证券为主要目的单独运用的金钱的信托的信托财产的有价证券的评估，适用市值法。

3. 金融衍生品交易的评估基准以及评价方法

金融衍生品交易的评估（除去特定交易目的的交易），原则上按市值进行。

4. 固定资产的减值摊销方法

（1）有形固定资产（除去租赁资产）

有形固定资产，主要是由于以定率法摊销，年折旧报价金额根据期间按比例计入。

另外，主要的使用年限如下表所示。

建筑物	15～50 年
其他	4～15 年

（2）无形固定资产（除去租赁资产）

无形固定资产，按照定额法摊销。

又，关于本公司使用的软件，本公司以及统一核算子公司制定的利用可能期间（一般为 5 年），商誉依据其效果波及期间进行摊销。

（3）租赁资产

转移所有权以外的与金融、租赁交易相关的"有形固定资产"以及"无形固定资产"中的租赁资产，使用租赁期间作为其使用寿命的定额法摊销。又，对于盈余额，如租赁契约中对盈余额保证有约定的按约定，除此以外的剩余价值是零。

5. 递延资产的处理方法

公司债发行费用及股份交付费用，支出时全部作为费用处理。

6. 外汇储备资产、负债换算成本国货币的换算标准

外汇储备资产、负债及海外分支行的会计处理，除了子公司股票及相关公司股票，根据在结算日的汇率附有换算成日元的汇率换算金额。另外，子公司股份有限公司及相关公司股票，对于主要用于取得时或对汇率变动风险进行保值交易时，依据该时点的外汇市场行情附有换算成日元的金额。

7. 计提准备金的标准

（1）坏账准备金，根据预先制定的资产的自我评定标准以及摊销、准备金的标准，进行如下计提。

在出现破产，特别清算，受到票据交换所交易的停止处分等情况时，在法律上、形式上出现经营破产事实的债务人（以下称"破产人"）的债权以及实质上已陷入经营破绽债务人（以下称"实质破产人"）的债权，从下列直接减额后的账面价值中扣除实现担保可能得到的金额及因保证可能回收的且被认可的金额，计算出剩余金额。今后，在可能会陷入经营破绽的债务人的债权（以下称"破产风险人"）中，不能合理估算回收债权的本金以及利息流量的债权，从债权额中扣除处分担保从可能获得的金额及因保证可能回收且被认定金额，剩余金额中，计提了根据综合判断债务人的支付能力所需要的金额。对破产风险方以及应注意今后管理的债务人的债权，不能合理估算回收债权的本金以及利息流量的债权，该现金流以当初约定利息率进行折减后的金额与债权的账簿价值额的差额计提。

除以上债权，根据过去一段期间内坏账数据等计算出的坏账准备比率乘以债权额计提。对于特定海外债权，因对象国的政治经济形势发生的损失估算金额作为特定海外债权准备金科目计提。

所有债权，根据资产的自我评价标准，营业部门、店铺以及审查管理部门实施资产核定，具有独立性的资产检查机构监察审计核定结果。

另外，对破产人以及实质破产人享有担保、保证的债权，从债权额中扣除担保的评估额以及可回收的保证额，作为不能回收的估算金额，直接从债权中直接减去该不能回收的估算金额，达 7,459 百万日元。

（2）奖金准备金的计提基准

奖金准备金是为了支付员工的奖金的，在员工的奖金预计支付金额中，计提了本事业年度期间的金额。

（3）高级管理人奖金

高级管理人奖金是为了支付高级管理人的奖金，在高级管理人的奖金预计支付金额中，计提了本事业年度期间的金额。

（4）退休给付准备金

退休给付准备金是为给付退休职工退休金的准备金，根据本事业年度末退休给付债务和年金资产的预算金额计提必要金额。但是，年金资产额超过退休支付债务与未计入过去工作费用及未计入数理计算上的差异金额调整后的金额，计入"预付养老金费"科目。另外，计算退休给付债务时，将退休给付预计额归入本事业年度的期间是依据给付计算公示式标准计算。对过去工作费用及数理计算上的差异产生的费用的处理方法如下：

过去工作费用：其发生时的员工的平均剩余工作期间内的一定年限（10～14年）依定额法处理。

数理费用计算上的差异：各事业年度发生的是员工的平均剩余工作期间内的一定年限（10～14年），依定额法计算的份额的额度，在各自发生的次事业年度作为费用处理。

（5）偶发损失准备金的计提标准

偶发损失准备金是指，为了出表交易和信托交易等偶然发生的损失，计提将来可能会发生损失的金额。

8. 对冲计算的方法

（1）利息风险、对冲

①识别以金融资产、负债产生的利率风险为对象的对冲会计的对冲对象的方法，在不同行业的审计委员会报告第24号"银行业的金融商品会计关于标准适用的会计及监察上的处理"（2002年2月13日日本公认会计师协会，以下称"行业分别监察委员会报告第24号"）以及会计制度委员会报告第14号"金融商品会计的实务指导方针"（2000年1月31日日本公认会计师协会）中规定的处理引起的总括性套期保值是个别对冲。对冲会计的方法是，满足利率交换等特例处理要求的部分交易通过特例处理，除此以外通过延期套期保值的方法。

②在抵消固定利率存款、贷款等行市变动的对冲中，根据行业分别监察委员会报告第24号，每隔一定剩余期间进行分组识别对冲对象，将利率交换交易等指定为对冲手段。在其他划分为有价证券的固定利率债券的行市变动相抵销的对冲中，按同一种类识别对冲对象，利率交换交易等为对冲手段。

由于对冲对象和对冲手段的重要条件进行了几乎相同的对冲指定，因此认为具有很高的有效性，以此来提高有效性的判定。

③在固定变动利率的存款、贷款等以及短期固定利率的存款、贷款等预定交易的现金流的对冲中，按行业分别监察委员会报告第根据24号规定，按照利率指数以及固定的利率修改期间进行分组，识别对冲对象，将换利率交易等指定为套期手段。由于对冲对象和对冲手段的重要条件进行了几乎相同的对冲指定，因此认为具有很高的有效性，以此来提高有效性判定之外，通过验证利率变动要素的相关关系，进行有效性评估。

（2）汇兑变动风险、对冲

①有关外币金融资产、负债产生的汇率变动风险的对冲会计处理，基于行业分别监察委员会报告第25号《银行业的外币交易等会计处理相关的会计上及审计上的处理》（2002年7月29日日本公认会计师协会，以下称"行业分别监察委员会报告第25号"），将货币债权债务等按货币分组，以识别对冲对象，并指定相同货币的货币交换交易及兑换预购作为对冲手段，并向外汇债权债务等进行分组，以识别对冲对象，并指定同一货币的货币交换交易及汇兑预购为对冲手段。冲抵会计方法由延期套期付款组成。关于对冲有效性评估方法，以减少外币货币债权债务等外汇变动风险为目的进行的货币互换交易等套期保值手段以及通过确认与作为对冲对象的外币货币债权债务等相称的对冲手段的外币位置相当额，来评估对冲有效性。

②另外，为了对冲外币或其他有价证券（债券以外）的汇率变动风险，将同一货币的外币债务及外汇预约作为对冲手段进行对冲、适用市价套期保值。

（3）内部交易等

关于公司内衍生事务处理中特定事务处理账户与其他账户之间（或是内部部门之间）的内部交易，对于指定为对冲手段的利率交换交易以及货币交换交易等基于行业分别监察委员会报告第 24 号、25 号，为了执行符合对外交易标准的运营，该标准可以排除任意性并严格执行对冲运营。由该利率交换交易及货币交换交易等产生的损益在不消去估价差额的情况下，作为本次统一核算年度的损益进行处理，又或者进行延期处理。

9. 制作其他财务报表的重要事项

（1）退休给付会计处理

退休给付未计入过去工作费用及未计入数理计算上的差异金额的会计处理方法，与统一核算财务报表中会计处理方法不同。

（2）消费税等的会计处理

消费税及地方消费税（以下称"消费税等"的会计处理，以税后净额法处理）。

再者，扣除对象外资产的消费税等计入发生的事业年度的费用。

（3）本公司适用统一核算股份有限公司与三菱 UFJ 金融集团母公司的纳税母公司的统一核算纳税制度。

（4）在票据贴现及再贴现的会计处理

票据贴现及再贴现，根据行业另审计委员会报告第 24 号文，作为金融交易进行处理。

（表示方法的变更）

（资产负债表关系）

上次统一核算年度报表中，包括"其他负债"在内的"证券约定欠款"科目，因本事业年度负债及净资产部分的合计超过百分之一，在该科目内增加科目记载。为反映表示方法的变化，对上次统一核算年度的财务报表进行了修订。

上次统一核算年度资产负债表中的"其他负债"为 386,877 百万日元，修订为"有价证券应付款项"995,326 百万日元，"其他负债"59,881 百万日元。

（资产负债表关系）

1. 关联公司的股份及出资总额

股份及出资金额   286,617 百万日元

2. 因消费借贷合同而借入的有价证券及（买入）回购协议而接受的证券中，出售或者再担保的方法可以自由处分权利证券如下：

作为再担保标的物的证券   374,511 百万日元

该事业年度末未处分继续持有的有价证券   14,480 百万日元

因票据贴现而接受的商业票据，享有出售或再担保可以自由处理的权利，其券面金额如下：

                                        1,189 百万日元

3. 贷款中，破产债权额和迟延债权额如下所示。

破产人债权额   526 百万日元

延滞债权额   32,576 百万日元

所谓破产人债权是指，本金或利息的支付延迟持续了一定期间或因其他事由致使无望收回本金和利息，且计入未收利息的贷款（除去坏账折旧的部分。以下称"计入未收利息贷款"）中，根据法人税法施行令（1965 年政令第 97 号）第 96 号第一款第三项 1－3 所示事由同款第四项的规定产生的贷款。

所谓滞延债权是指，计入未收利息贷款，破产单位债权以及为再建或支援债务人的经营为目的，利息的支付得到宽限之外的贷款。

4. 贷款中，迟延 3 个月以上的债权额如下所示。

3 个月以上的，债权额　　　　　　　　　　　214 百万日元

3 个月以上的迟延债权是指，从本金或利息的约定支付日的次日起算，迟延 3 个月以上贷款中，不属于破产债权与迟延债权的债权。

5. 贷款的过程中，放宽贷款条件的债权额如下所示。

放宽贷款条件债权额　　　　　　　　　　　9,886 百万日元

放宽贷款条件是指，为了债权须债务人的经营重建或者支援，利率的减免，利息支付期限宽限，本金偿还宽限，放弃债权或其他约定了对债务人有利的贷款中，不属于破产债权，先延滞债权及 3 个月以上延滞债权的债权。

6. 破产人债权额、迟延债权额、3 个月以上债权的金额以及放宽贷款条件债权额的合计额如下所示。

合计金额　　　　　　　　　　　　　　　43,203 日元

再者，上述 3~6 的债权额，是扣除坏账准备前的金额。

7. 担保的资产如下列所示：

现金应解汇款　　　　　　　　　　　　　6,194 百万日元

有价证券　　　　　　　　　　　　　1,923,969 百万日元

担保资产对应债务

存款　　　　　　　　　　　　　　　35,000 百万日元

借款　　　　　　　　　　　　　　1,608,961 百万日元

支付承诺　　　　　　　　　　　　　130,389 百万日元

除上述以外，作为替代外汇结算等交易的担保或期货交易保证金等，提供了以下资产：

（1）有价证券　　　　　　　　　　2,719,129 百万日元

（2）贷款　　　　　　　　　　　　847,728 百万日元

另外，（买入）回购协议交易附回购条件的出售或附现金担保债券借贷交易的贷款的资产如下所示：

有价证券对应的债务　　　　　　　6,847,470 百万日元

附（买入）回购协议应付款项　　　4,829,134 百万日元

受领的债券借贷交易保证金　　　　1,926,430 百万日元

8. 关于透支合同以及贷款等授信额度合同，是指在收到客户申请融资时，若无违反合同所约定的条件，在一定的额度内发放贷款的合同。这些契约未执行贷款金额如下：

贷款未执行余额　　　　　　　　　71,988 百万日元

因这些合同的大部分是不需要执行融资而归于终了的合同，因此，融资未执行余额并不一定会影响本公司以及统一核算子公司未来的现金流。这些合同大部分附有存在金融情势发

生变化、债权保全以及有其他相应事由时，本公司以及统一核算子公司可以拒绝融资申请融资或减少合同最大放款额度的条款。另外，签订合同时，根据需要要求提供不动产、有价证券等的担保之外，合同签订后，根据事先制定公司内手续把握客户的企业活动情况，根据需要修改合同，构建了贷款保全措施。

有形固定资产的压缩记账①

压缩记账额　　　　　　　　　　　　　　　　　　16,072 百万日元

（该统一核算年度的压缩记账额）（286 百万日元）

9. 借款，包括比其他债务劣后履行的附加劣后特约约定借款。

包括借款的借款金

劣后特约约定借款　　　　　　　　　　　　　　　260,000 百万日元

10. 公司债务包括劣后特约公司债。

劣后特约公司债　　　　　　　　　　　　　　　　240,000 百万日元

11. 有价证券中公司债中，通过有价证券私募（金融商品交易法第二条第三款）形式发行的公司债的担保债务额。

　　　　　　　　　　　　　　　　　　　　　　　16,441 百万日元

12. 签订了本金保本合同的信托的本金额如下：

金钱信托　　　　　　　　　　　　　　　　　7,111,058 百万日元

13. 本次统一核算年度，MUFG Alternative Fund Services（Cayman）有限公司（以下，【该当子公司】）适用于当地的金融监管的大额信贷有关规制，根据开曼群岛金融管理局的要求需要提供保证，对该子公司对提供以下的金额为上限为 250 万美元上限（28,157 百万日元）保证备忘录。

14. 关联海外子公司的客户的交易，作为母公司与健全管理该子公司的业务，为能使相应子公司履行金融债务，约定进行经营监督等的经营指导备忘录，已提交给海外金融当局。

（损益表关系）

1. 其他的一般费用，包括以下内容：

意外损失准备金转结金额　　　　　　　　　　　　486 百万日元

2. 伴随组织重组外国公司股息，本公司的全资子公司 Mitsubishi UFJ Trust & Bankingcorporation（U.S.A.），因本公司受让了全部业务，对本公司利润盈余已在清算完毕前全部分配。

---

① 译者注：压缩记账是税法上的规定，在取得有形固定资产时产生收益（补助金等）的，对取得价格进行减额处理（压缩），计入压缩损失，收益金额与压缩损失相抵消可以起到减轻该年度赋税的效果。

（税款效果会计关系）

1. 递延税款资产及递延税款负债的主要原因明细

递延税款资产

递延套期保值损益	29,831 百万日元
退休给付信托运用利益	14,814 百万日元
坏账准备金	12,460 百万日元
有价证券摊销征税部分	10,511 百万日元
其他	31,080 百万日元
递延税款资产小计	98,698 百万日元
评估性准备金[①]	Δ37,564 百万日元
递延税款资产合计	61,133 百万日元

递延税款负债

其他证券的评估差额金	Δ259,809 百万日元
退休给付准备金	Δ44,093 百万日元
其他	Δ11,546 百万日元
递延税项负债合计	Δ315,100 万日元
递延税款资产（负债）的净额	Δ254,316 百万日元

2. 法定实效税率与适用税效果会计后，法人税等的负担比率之间存在重要差异时，造成该差异的主要项目细目

法定实效税率	33.06%
（调整）	
应收股息等永远不计入利益项目	Δ4.78%
评估性准备金的减少	Δ1.61%
其他	0.14%
税效果会计适用后法人税等的负担比率	26.81%

3. 因法人税等税率的变更等对递延税金资产及递延税项负债金额的修正

《所得税法等一部改正法律》（2016 年法律第 15 号）和《地方税法等一部改正等法律》（2016 年法律第 13 号），于 2016 年 3 月 29 日在国会正式成立，从 2016 年 4 月 1 日以后开始的事业年度，下调了法人税率，伴随该法的成立，计算递延税金资产及递延税项负债适用的法定实效税率之前为 32.34％，从 2016 年 4 月 1 日开始的事业年度及 2017 年 4 月 1 日开始的事业年度预计可以释放的临时差异为 30.86％，2018 年 4 月 1 日开始的事业年度以后的预计可以释放的临时差异为 30.62％。因该税率的变更，递延税金负债减少了 14,388 百万日元，其他证券的评估差额金增加了 14,555 百万日元，递延套期保值损益减少了 1,675 百万日元，法人税等调整额减少了 1,509 百万日元。再评估递延税金负债减少了 243 百万日元，土地的再新评估差额同额增加。

---

① 译者注：评估性准备金是指递延税金资产中，公司判断没有回收可能的金额。

有价证券相关

2014 年

※除了资产负债表的"有价证券"之外、记载包括"特定交易资产"中的商品有价证券、特定交易有价证券以及短期公司债以及"买入金钱债权"中的信托受益权。

1. 以买卖为目的有价证券

（单位：百万日元）

	2014 年末
	包含本年度业务损益的评估差额
以买卖为目的有价证券	9

2. 满期保有目的债券

（单位：百万日元）

		2014 年末		
		资产负债表计算额	市值	差额
市值超过资产负债表计入金额明细	国债	24,978	25,032	54
	地方债券	—	—	—
	公司债券	—	—	—
	其他	—	—	—
	小计	24,978	25,032	54
市值未超过资产负债表计入金额明细	国债	—	—	—
	地方债券	—	—	—
	公司债券	—	—	—
	其他	—	—	—
	小计	—	—	—
合计		24,987	25,032	54

3. 子公司股份及关联公司股份

（单位：百万日元）

	2014 年末		
	资产负债表计入金额	市值	差额
子公司股份	8,155	8,050	Δ104
关联公司股份	49,616	183,681	134,064
合计	57,771	191,731	133,960

注：难以把握市值的子公司股份有限公司及相关公司股票。

（单位：百万日元）

	2014 年末
	资产负债表计入金额
子公司股票	125,625
关联公司股票	45,273
合计	170,899

由于没有市场价格，难以把握市值。故不计入上表中的"子公司股份及关联公司股份"。

4. 其他有价证券

（单位：百万日元）

		2014 年末		
		资产负债表计入金额	取得原价	差额
资产负债表计入的金额	股票	1,039,130	475,699	563,430
超过取得原价明细	债券	6,243,347	6,190,638	52,709
	国债	5,995,973	5,946,493	49,479
	地方债	163	153	10
	公司债	247,210	243,990	3,220
	其他	8,622,257	8,250,186	372,071
	外国股票	36	11	24
	外国债券	7,927,727	7,682,968	244,759
	其他	694,493	567,205	127,287
	小计	15,904,736	14,916,524	988,212

（单位：百万日元）

		2014 年末		
		资产负债表计入金额	取得原价	差额
资产负债表计入的金额	股票	42,684	50,065	Δ7,380
未超过取得原价部分	债券	236,093	238,482	Δ2,389
	国债	169,795	169,887	Δ92
	地方债	—	—	—
	公司债	66,298	68,595	Δ2,296
	其他	719,897	731,532	Δ11,634
	外国股票	—	—	—
	外国债券	528,018	529,416	Δ1,397
	其他	191,878	202,115	Δ10,236
	小计	998,675	1,020,079	Δ21,404
合计		16,903,411	15,936,603	966,807

注：难以把握市值的其他有价证券。

（单位：百万日元）

	2014 年末
	资产负债表计算额
股票	23,036
其他	8,029
外国股票	676
其他	7,352
合计	31,065

由于没有市场价格，把握市值困难，故未记入上表"其他有价证券"中。

5. 本次统一核算年度中出售的其他有价证券

（单位：百万日元）

	2014 年		
	出售金额	出售利益合计	出售损失合计
股票	29,299	18,302	1,003
债券	1,349,669	3,446	1,931
国债	1,266,203	3,114	1,914
地方债	—	—	—
公司债	83,466	332	17
其他	4,070,963	10,956	16,391
外国股票	625	158	61
外国债券	3,918,443	10,540	13,187
其他	151,893	257	3,143
合计	5,449,932	32,705	19,326

6. 进行了减损处理的有价证券

买卖为目的证券以外的有价证券（市值把握是极为困难的除外）中，该有价证券的市价远远低于取得原价，对于难于恢复到取得原价的有价证券，将该市值计入资产负债表计算，同时将评估差额作为本次统一核算年度的损失处理（以下称为减损处理）。本事业年度减损处理金额，包括难于掌握市值的有价证券，439 百万日元（其中，股票为 384 百万日元，其他为 55 百万日元）。另外，判断市值"明显下跌"的基准，根据预先规定的资产自我评估标准，按照不同发行公司，如下所示。

破产人、实质破产人、破产风险人市值相比取得原价下跌。

需注意交易方　　　市值比取得原价下跌超过 30% 以上

正常交易方　　　　市值比取得原价下跌超过 50% 以上

另外，破产人是指破产，特别清算，被票据交换所停止交易处分等有关交易，在法律上、形式上发生经营破产事实的发行公司。实质破产人是指发行会社陷入经营困难，被认为今后有很大的陷入破产的可能的发行公司。需注意破产交易方是指今后要注意经营管理的公司。正常交易方是指上述破产人，实质破产人，破产风险人以及需注意交易方以外的情况。

2015 年度

※除了资产负债表的"有价证券"外，记载了"特定交易资产""买入金钱债权"中的有价证券及准有价证券。

1. 以买卖为目的有价证券

（单位：百万日元）

	2014 年末
	包含本年度损益的评估差额
买卖为目的有价证券	56

2. 满期保有证券

无相应事项。

3. 子公司股份及关联公司股份

（单位：百万日元）

	2014 年末		
	资产负债表计算额	市值	差额
子公司股票	8,155	8,052	Δ102
关联公司股票	49,616	100,687	51,070
合计	57,771	108,739	50,968

注：把握市值极为困难的分公司股份有限公司及相关公司股票。

（单位：百万日元）

	2014 年末
	资产负债表计算额
子公司股票	183,572
关联公司股票	45,273
合计	228,846

由于没有市场价格，把握市值困难，故未记入上表"子公司股票以及关联公司股票"中。

4. 其他有价证券

（单位：百万日元）

		2014 年末		
		资产负债表计入金额	取得原价	差额
资产负债表计入金额	股票	903,294	418,516	484,778
超过取得原价明细	债券	6,881,590	6,780,746	100,843
	国债	6,407,888	6,313,945	93,942
	地方债	20,543	20,113	430
	公司债	453,158	446,687	6,471
	其他	7,976,646	7,662,515	314,131
	外国股票	37	11	26
	外国债券	7,334,991	7,099,001	235,989
	其他	641,617	563,502	78,114
	小计	15,761,531	14,861,778	899,752

（续表）

| | | 2014 年末 | | |
		资产负债表计入金额	取得原价	差额
资产负债表计入金额	股票	70,718	85,058	Δ14,340
未超过取得原价明细	债券	131,995	134,576	Δ2,580
	国债	—	—	—
	地方债	19,270	19,326	Δ56
	公司债	112,725	115,249	Δ2,524
	其他	1,144,179	1,153,705	Δ9,526
	外国股票	13	13	Δ0
	外国债券	1,032,910	1,040,232	Δ7,322
	其他	111,254	113,459	Δ2,204
	小计	1,346,893	1,373,340	Δ26,447
合计		17,108,424	16,235,118	873,305

注：把握市值极为困难的其他有价证券。

（单位：百万日元）

| | 2014 年末 |
	资产负债表计算额
股票	22,097
其他	9,431
外国股票	635
其他	8,795
合计	31,528

由于没有市场价格，把握市值极为困难，故未计入上表"其他有价证券"中。

5. 本次统一核算中贩卖的其他有价证券

（单位：百万日元）

| | 2014 年 | | |
	贩卖额	贩卖合计利润	贩卖合计损失
股票	35,812	14,928	248
债券	1,323,459	10,074	1,356
国债	1,252,622	9,959	1,309
地方债	—	—	—
公司债	70,836	114	47
其他	4,533,553	31,701	28,957
外国股票	0	—	—
外国债券	4,254,987	28,427	21,569
其他	278,565	3,274	7,388
合计	5,892,824	56,704	30,563

6. 进行了减损处理的有价证券

以买卖为目的证券以外的有价证券（市值把握是极为困难的除外）中，该有价证券的市价远远低于取得原价，对于难于恢复到取得原价的有价证券，将该市值计入资产负债表计算，同时将评估差额作为统一核算年度的损失处理（以下称之为减损处理）。

本次统一核算年度减损处理金额，包括难于掌握市值的有价证券，1,987 百万日元（其中，股票为 1,804 百万日元，其他为 182 百万日元）。

另外，判断市值"明显下跌"的基准，根据预先规定的资产自我评估标准，按照不同发行公司，如下所示。

破产人、实质破产人、破产风险人市值相比取得原件市价下跌。

需注意交易方　　　　　市值比取得原价下跌超过 30% 以上

正常交易方　　　　　　市值比取得原价下跌超过 50% 以上

另外，破产人是指破产，特别清算，票据交换所停止交易处分等有关交易，在法律上、形式上发生经营破产事实的发型公司。实质破产人是指发行会社陷入经营困难，被认为今后有很大的陷入破产的可能的发行公司。需注意交易方是指今后要注意经营管理的公司。正常人是指，上述破产，是指破产人，破产风险人以及需注意交易方以外的情况。

1. 以运用为目的的金钱的信托

（单位：百万日元）

	2014 年末		2015 年末	
	资产负债表 计入金额	包括本年度 损益的评估差额	资产负债表 计入金额	包括本年度 损益评估的差额
以运用为目的的金钱的信托	13,256	—	13,040	—

2. 满期持有为目的金钱的信托（2014 年末、2015 年末）

无相应事项。

3. 其他金钱的信托（运用以及到期以外）（2014 年末、2015 年末）

无相应事项其他有价证券评估差额。

在资产负债表上计入的"其他有价证券评估差额金"的详细内容

（单位：百万日元）

	2014 年末	2015 年末
评估差额		
其他有价证券	966,810	873,319
递延税款资产（Δ 是递延税款负债）	Δ301,034	Δ259,114
其他有价证券评估差额金	665,776	614,205

注：评估差额，包括在合伙等的构成资产的其他有价证券的评估差额〔2014 年末 2 百万日元（利润）和 2015 年末 13 百万日元〕。

衍生商品交易关系

2014 年度

1. 不适用套期会计的衍生商品交易

（1）利率关联交易

（单位：百万日元）

	签约额等		市值	评估损益
		超一年签约等		
金融商品交易所				
利率期货				
卖出	—	—	—	—
买入	—	—	—	—
利率期权				
卖出	—	—	—	—
买入	—	—	—	—
店头				
远期利率协议				
卖出	—	—	—	—
买入	—	—	—	—
利率掉期				
受取固定、支付变动	4,478,002	4,000,829	64,086	64,086
受取变动、支付固定	4,503,366	4,006,948	△42,135	△42,135
受取变动、支付变动	192,169	192,169	△13	△13
利率期权				
卖出	—	—	—	—
买入	—	—	—	—
利率上下限				
卖出	31,818	22,470	△346	△261
买入	30,292	20,924	△20	△82
利率掉期、期权组合				
卖出	—	—	—	—
买入	50	—	0	△0
其他				
卖出	—	—	—	—
买入	—	—	—	—
合计			21,569	21,592

注：1. 关于上述交易，实行市值评价，计入评估损益表。

2. 市值根据贴现现在价值以及期权价格模式。

（2）货币关联交易

（单位：百万日元）

	签约额等		市值	评估损益
		超一年签约等		
金融商品交易所				
货币期货				
卖出	—	—	—	—
买入	—	—	—	—
货币期权				
卖出	—	—	—	—
买入	—	—	—	—
店头				
货币互换	1,199,943	1,173,019	4,411	4,411
远期汇率				
卖出	10,178,756	231,806	Δ108,572	Δ108,572
买入	11,093,438	229,573	106,079	106,079
货币期权				
卖出	166,140	42,254	Δ3,632	Δ250
买入	151,697	36,024	3,604	461
其他				
卖出	—	—	—	—
买入	—	—	—	—
合计			1,890	2,128

注：1. 关于上述交易，按市值评估，计入评估损益表。

2. 市值根据贴现现在价值以及期权价格模式计算。

（3）股票关联交易

无相应事项。

（4）债券关联交易

（单位：百万日元）

	签约额等		市值	评估损益
		超过一年签约等		
金融商品交易所				
债券期货				
卖出	1,472	—	0	0
买入	—	—	—	—
债券期货期权				
卖出	—	—	—	—
买入	—	—	—	—
店头				
债券店头期权				
卖出	—	—	—	—
买入	—	—	—	—
其他				
卖出	—	—	—	—
买入	—	—	—	—
合计			—	—

注：1. 关于上述交易，按市值评估，评估损益计入评估损益表。

2. 市值依据大阪交易所等的最终的价格计算。

（5）商品关联交易

无相应事项。

（6）信用衍生交易

无相应事项。

2. 适用对冲会计的派生商品交易

（1）利率关联交易

（单位：百万日元）

对冲方法	种类	主要对冲（套期）对象	交易额等	超过一年交易额	市值
原则处理方法	利率掉期 受取固定、支付变动 受取变动、支付固定	贷款、其他有价证券（债券）、存款等产生利息的金融资产、负债	2,059,601 3,581,158	1,933,601 3,230,935	4,934 Δ109,171
利率掉期特别处理	利率掉期 受取固定、支付变动 受取变动、支付固定	贷款，公司债券	481,722 199,989	481,722 154,594	（注）3.
	合计				Δ104,237

注：1. 根据《行业特别监查委员会报告第 24 号》等，适用递延套期。

2. 市值根据贴现的现在价值计算。

3. 属于利率掉期特别处理对象的，因对冲对象的贷款及公司债在财务上进行整体处理，不记入上表"市值"科目中。

（2）货币关联交易

（单位：百万日元）

对冲会计方法	种类	主要套期对象	交易额等	超过一年交易额	市值
原则处理方法	货币互换	外汇贷款、有价存款、存款、外汇等	2,165,255	1,415,037	Δ103,760
外汇预约等套期会计处理	货币互换	外汇贷款、公司债	115,377	112,379	（注）3.
	合计				Δ103,760

注：1. 根据《行业审计委员会报告第 25 号》，适用递延套期。

2. 市值按贴现现在价值计算。

3. 属于外汇预约等套期会计处理对象的，因对冲对象的外汇贷款及公司债在财务上进行整体处理，不计入上表"市值"科目。

（3）股票关联交易

无相应事项。

（4）债券关联交易

无相应事项。

2015 年度
不适用套期会计的衍生商品交易
（1）利率关联交易

（单位：百万日元）

	签约额等		市值	评估损益
		超一年签约等		
金融商品交易所				
利率期货				
卖出	—	—	—	—
买入	—	—	—	—
利率期权				
卖出	—	—	—	—
买入	—	—	—	—
店头				
远期利率协议				
卖出	—	—	—	—
买入	—	—	—	—
利率掉期				
受取固定、支付变动	4,559,656	4,116,286	94,739	94,739
受取变动、支付固定	4,588,000	4,111,002	Δ71,212	Δ71,212
受取变动、支付变动	250,275	250,275	Δ8	Δ8
受取固定、支付固定	2,252	2,252	272	272
利率期货				
卖出	—	—	—	—
买入	—	—	—	—
利率上下限				
卖出	21,590	19,925	Δ310	Δ309
买入	20,060	19,925	Δ5	Δ60
利率掉期、期权组合				
卖出	—	—	—	—
买入	—	—	—	—
其他				
卖出	—	—	—	—
买入	—	—	—	—
合计			23,475	23,419

注：1. 关于上述交易，实行市值评估，评估损益计入损益计算表。

2. 市值按贴现的现在价值和期权价格模式计算。

（2）货币关联交易

（单位：百万日元）

	签约额等		市值	评估损益
		超过一年签约等		
金融商品交易所				
货币期货				
卖出	—	—	—	—
买入	—	—	—	—
货币期权				
卖出	—	—	—	—
买入	—	—	—	—
店头				
货币互换	949,930	930,010	3,522	3,522
远期汇率				
卖出	11,743,686	135,515	23,181	23,181
买入	10,466,157	125,665	Δ22,435	Δ22,435
货币期权				
卖出	287,201	56,550	Δ5,464	526
买入	266,163	45,315	4,861	Δ1,323
其他				
卖出	—	—	—	—
买入	—	—	—	—
合计			3,664	3,470

注：1. 关于上述交易，实行市值评估，评估损益计入损益计算表。

2. 市值按贴现的现在价值和期权价格模式计算。

（3）股票关联交易

无相应事项。

（4）债券关联交易

无相应事项。

（单位：百万日元）

	签约额等		市值	评估损益
		超过一年签约等		
金融商品交易所				
货币期货				
卖出	759	—	2	2
买入	—	—	—	—
货币期权				
卖出	—	—	—	—
买入	—	—	—	—
店头				
债券店头期货				
卖出	—	—	—	—
买入	—	—	—	—
其他				
卖出	—	—	—	—
买入	—	—	—	—
合计			2	2

注：1. 关于上述交易，进行时价评价，并计入评估损益表。

2. 通过市值的计算和大阪交易所等确定最终的价格。

（5）商品管理交易

无相应事项。

（6）信用证交易

无相应事项。

3. 套期会计适用的衍生商品交易

（1）利率关联交易

（单位：百万日元）

套期结算方法	种类	主要套期对象	交易额等	超过一年交易额	时价
原则处理方法	受取固定、支付变动 受取变动、支付固定 受取变动、支付固定	利率掉期贷款，其他有价证券，债券，存款等利息的金融资产负债	3，043，000 3，718，956	2，299，500 3，334，813	20，278 △138502
利率掉期特例处理	利率掉期 受取固定、支付变动 受取变动、支付固定	利率掉期特例处理利率掉期贷款，借款，公司债券	654，685 172，405	654，685 118，933	（注）3.
	合计				△118，223

注：1. 根据《行业审计委员会报告第 25 号》，适用递延套期。

2. 市值按贴现现在价值计算。

3. 属于外汇预约等套期会计处理对象的，因对冲对象的外汇贷款及公司债在财务上进行整体处理，不记入上表"市值"科目。

（2）货币关联交易

（单位：百万日元）

套期结算方法	种类	主要套期对象	交易额等	超过一年交易额	时价
原则处理方法	货币交换	外币建筑的贷款出款，有价存款，存款外汇等	2，726，722	2，064，249	66，719
外汇预约等震颤处理	货币交换	贷款公司债券	140，769	126，362	（注）3.
	合计				66，719

注：1. 根据《行业审计委员会报告第 25 号》，适用递延套期。

2. 市值按贴现现在价值计算。

3. 属于外汇预约等套期会计处理对象的，因对冲对象的外汇贷款及公司债在财务上进行整体处理，不记入上表"市值"科目。

（3）股票关联交易

无相应事项。

（4）债券关联交易

无相应事项。

经营概况

1. 各部门损益明细

（单位：亿日元）

	2014 年	2015 年
国内业务部门		
信托报酬	867	909
其中不良债权处理额	4	0
资金利润	821	846
业务交易利润	965	998
特定交易利润	275	363
其他业务利润	Δ163	4
业务毛利润	2,766 (1.28%)	3,122 (1.35%)
国际业务部门		
资金利润	899	792
业务交易等利润	17	49
特定交易利润	Δ21	Δ153
其他业务利润	89	Δ23
业务毛利润	985 (0.78%)	664 (0.50%)
业务毛利润	3,751 (1.17%)	3,787 (1.12%)
经费（不含临时经费）	1,842	1,856
一般坏账准备金计提金额	Δ39	56
业务净利润	1,869	1,987
［信托科目减值损失计提前业务净利润（一般呆账计提前）］	1,904	1,930
临时损益	231	77
经常性利润	2,100	2,065

注：1. 括号内是业务毛利率。

2. 业务毛利率 $= \dfrac{\text{业务毛利率}}{\text{资金运用科目平均剩余额}} \times 100$

2. 资金利润明细

(单位：亿日元)

	2014 年			2015 年		
	平均余额	利息	收益率	平均余额	利息	收益率
国内业务部门		821	0.38%		846	0.36%
资金运用科目	215,192	1,174	0.54	230,490	1,229	0.53
其中贷款	88,259	664	0.75	88,045	591	0.67
有价证券	78,235	442	0.56	75,029	557	0.74
支付的债券借贷交易保证金	2	0	0.11	717	0	0.01
应解汇款等	28,043	28	0.1	42,590	43	0.10
资金筹措科目	208,766	353	0.16	224,688	382	0.17
其中存款	109,560	171	0.15	109,971	158	0.14
可转让存单	36,042	30	0.08	33,477	27	0.08
受领的债券借贷交易保证金	23,228	13	0.05	23,911	12	0.05
借款等	20,225	31	0.15	28,114	35	0.12
国际业务部门		899	0.71		792	0.60
资金运用科目	124,936	1,230	0.98	131,599	1,309	0.99
其中贷款	32,688	249	0.76	39,224	334	0.85
有价证券	77,601	952	1.22	77,211	938	1.21
支付的债券借贷交易保证金	—	—	—	242	0	0
应解汇款等	13,331	26	0.19	13,362	33	0.25
资金筹措科目	123,763	330	0.26	130,925	516	0.39
存款	16,695	51	0.3	17,809	76	0.42
可转让存单	21,634	59	0.27	22,289	85	0.38
受领的债券借贷交易保证金	—	—	—		0	—
借款等	63,789	114	0.17	62,251	134	0.21
合计		1,720	0.53		1,639	0.48

注：1. 存款等包括可转让存单、短期贷款、（买入）回购协议应付款下的应收款项。

2. 借款等是拆息，（卖出）回购协议应收款下的应付款项及商业票据。

3. 资金利润分析

（单位：亿日元）

	2014 年			2015 年		
	余额原因	利息要因	合计	余额原因	利息要因	合计
国内业务部门						
资金运用科目	125	Δ171	Δ46	82	Δ27	55
贷款	Δ8	Δ80	Δ88	Δ1	Δ71	Δ72
有价证券	40	Δ12	28	Δ18	134	115
支付的债券借贷交易保证金	Δ0	Δ0	Δ0	0	Δ0	0
应解汇款等	14	Δ0	13	14	Δ0	14
资金筹措科目	36	Δ42	Δ6	27	2	29
其中存款	Δ0	Δ25	Δ25	0	Δ13	Δ13
可转让存单	2	Δ2	Δ0	Δ2	Δ1	Δ3
受领的债券借贷交易保证金	6	Δ3	3	0	Δ2	Δ1
借款等	5	Δ9	Δ3	10	Δ6	3
国内资金运用收支	88	Δ128	Δ40	54	Δ29	25
国际业务部门						
资金运用科目	257	Δ23	233	66	12	78
贷款	62	0	62	53	31	85
有价证券	223	Δ50	172	Δ4	Δ9	Δ14
支付的债券借贷交易保证金	—	—	—	0	—	0
应解汇款等	Δ0	Δ1	Δ2	0	7	7
资金筹措科目	69	Δ2	66	20	165	185
其中存款	7	8	15	3	20	24
可转让存单	8	Δ3	5	1	24	26
受领的债券借贷交易保证金	—	—	—	0	—	0
借款等	32	Δ13	19	Δ2	22	20
国际资本运用收支	188	Δ21	167	46	Δ153	Δ106

注：1. 存款等可转让存款，短期贷款，（买入）回购协议应付款下的应收款项。

2. 借款等是拆息，（卖出）回购协议应收款下的应付款项及商业票据。

4. 差额利润

（单位：%）

		2014 年	2015 年
资金运用收益率	国内业务部门	0.54	0.53
	国际业务部门	0.98	0.99
	全店	0.74	0.74
资金筹集收益率	国内业务部门	0.16	0.17
	国际业务部门	0.26	0.39
	全店	0.2	0.26
资金毛利率	国内业务部门	0.37	0.36
	国际业务部门	0.71	0.6
	全店	0.53	0.47

5. 劳务交易等利润明细

（单位：亿日元）

		2014 年	2015 年
国内业务部门	劳务交易等收益	1,210	1,253
	其中信托相关业务	686	737
	存款、贷款业务	61	66
	汇兑业务	8	8
	证券相关业务	254	213
	投资顾问业务	77	79
	代理业务	1	1
	保管寄存①、出借保险柜业务	3	3
	保证业务	2	2
	业务交易等费用	245	254
	其中汇兑业务	4	4
	业务交易等收益	965	998
国际业务部门	劳务交易等费用	63	95
	其中存款、贷款业务	59	75
	汇兑业务	1	0
	保证业务	2	3
	业务交易等费用	45	46
	外汇业务	1	1
	业务交易等费用	17	49
合计		982	1,048

---

① 译者注：保管寄存是指证券公司或银行等的金融机构，依据与投资人之间的个别保管或混合保管的保管合同，保管有价证券。

6. 特定交易利润明细

（单位：亿日元）

	2014 年	2015 年
国内业务部门	275	363
其中商品有价证券	3	2
特定交易有价证券	1	Δ1
特定金融派生商品	267	359
其他特定交易	3	2
国际业务部门	Δ21	Δ153
其中商品有价证券	0	Δ0
特定交易有价证券	7	Δ3
特定金融派生商品	Δ29	Δ149
合计	253	210

7. 其他业务利润明细

（单位：亿日元）

	2014 年	2015 年
国内业务部门	Δ163	4
其中国债等债券损益	Δ112	81
国际业务部门	89	Δ23
其中买卖外国汇兑利益	49	64
国债等债券损益	40	68
合计	Δ73	Δ19

8. 经费明细

（单位：亿日元）

	2014 年	2015 年
人工费	697	700
其中工资、津贴	670	691
物件费	1,058	1,075
其中折旧费	226	232
土地建筑物机械租赁费	119	119
消耗品费	16	19
业务委托费	265	262
存款保险费	79	49
租税等费	86	80
合计	1,842	1,856

关于特定交易科目

所谓特定交易科目，是指为了取得利用利率，通货价格或金融商品市场的行情以及其他指标的短期变动和市场间的差距等产生的利润所设立的科目。

所谓特定交易是指，包括具体的利率交换等衍生交易，转让性存款等金钱债权交易，国债等有价证券相关交易。

进行特定交易目的的交易的部门有限，不能在其他部门进行特定交易。

特定交易科目与其他科目相区别，原则上不应在两个账户之间进行转移。

在特定交易科目上处理的交易具有公正价值，其余额和损益将计入资产负债表或损益表。

公正价值的估算应由独立于特定交易的部门进行，以进一步巩固其公正性和客观性。

信托业务情况

1. 信托财产余额表

（单位：百万日元）

	2014 年末（2015 年 3 月 31 日）	2015 年末（2016 年 3 月 31 日）
资产		
贷款	112,376	150,571
证书（存单）贷款	112,369	150,564
票据贷款	7	6
有价证券	369,975	504,586
国债	248,571	362,926
地方债券	646	646
公司债券	10,386	8,821
股票	60	60
外国证券	108,877	130,987
其他证券	1,433	1,144
信托受益权	49,343,606	53,709,975
受托有价证券	17,697	14,091
金钱债权	9,925,274	8,611,551
住房贷款债权	7,151,802	6,288,892
其他的金钱债权	2,773,472	2,322,658
有形固定资产	10,805,072	11,636,006
动产	44,018	59,731
不动产	10,761,053	11,576,274
无形固定资产	192,554	193,150
地上权	15,082	21,949
不动产租赁权	176,817	171,045
其他无形资产	655	155

（续表）

	2014 年末（2015 年 3 月 31 日）	2015 年末（2016 年 3 月 31 日）
其他债权	154,433	181,718
银行科目贷款	1,796,031	7,152,449
现金应解汇款	599,049	666,155
现金	224	223
应解汇款	598,824	665,932
合计	73,316,071	82,820,257
负债		
金钱信托	2,127,505	2,552,892
财产积累型给付信托	8,340	8,033
投资信托	48,930,372	58,519,398
金钱信托以外的金钱的信托	524,216	620,182
证券的信托	17,777	14,172
金钱的信托	10,266,613	8,799,495
动产信托	44,498	59,923
土地以及其固定的物信托	82,369	65,884
概括性信托	11,314,379	12,180,275
合计	73,316,071	82,820,257

注：1. 上述余额表，不包含金钱评估困难的信托。

2. 共同信托由其他公司管理财产如下。2014 年末为 67,973,496 百万日元，2015 年末 71,314,218 百万日元。

3. 签署了本金保本合同信托的贷款 2014 年末为（2015 年 3 月 31 日现在）272,008 百万日元中，破产债权额为 3 百万日元左右，延滞债权额是 0 百万日元，3 个月以上延滞债权额 165 百万日元，放宽条件贷款债权额是 751 百万日元。另外，这些债权额总额为 921 百万日元。

4. 签署了本金保本合同信托的贷款 2015 年末（2016 年 3 月 31 日现在）23,111 百万日元中，破产债权额 11 百万日元，延滞债权额是 0 百万日元，3 个月以上延滞债权额 5 百万日元，放宽贷款条件债权额 606 百万日元。另外，这些债权额总额为 623 百万日元。

（参考）

上述注 2 记载的共同受托由其他公司管理的财产包括，三菱 UFJ 信托银行股份有限公司与日本 master trust 以职务分工共同受托的财产信托（以下简称职务分工型共同受托财产）2014 年末为 73,2008,666 百万日元，2015 年末为 70,897,769 百万日元。

上述财产余额表，加总后共同受托财产的信托财产余额资产表如下所示。

信托财产总额表（职务分工型共同受托财产合计）

（单位：百万日元）

	2014 年末（2015 年 3 月 31 日）	2015 年末（2016 年 3 月 31 日）
资产		
贷款	112,376	150,571
证书（存单）贷款	112,369	150,564
票据贷款	7	6
有价证券	58,086,929	53,614,888
国债	16,674,256	15,597,639
地方债券	4,941,078	4,355,682
短期公司债券	220,873	330,369
公司债券	8,544,243	8,217,749
股票	9,578,177	8,140,667
外国证券	14,716,540	13,192,814
其他证券	3,411,760	3,779,966
信托受益权	49,353,240	53,719,802
受托有价证券	3,172,363	3,339,160
金钱债权	10,619,079	9,369,779
住房贷款债权	7,151,802	6,288,892
其他的金钱债权	3,467,276	3,080,886
有形固定资产	10,805,072	11,636,006
动产	44,018	59,731
不动产	10,761,053	11,576,274
无形固定资产	192,554	193,150
地上权	15,082	21,949
不动产租赁权	176,817	171,045
其他无形资产	655	155
其他债权	5,040,404	4,364,029
短期贷款	2,307,474	103,070
银行账户贷款	3,184,730	12,745,624
现金应解汇款	3,449,102	4,474,306
现金	224	223
应解汇款	3,448,877	4,474,083
合计	146,323,327	153,710,390
负债		
金钱信托	23,452,525	20,470,160
年金信托	15,360,655	14,950,257
财产积累型给付信托	8,340	8,033
投资信托	48,930,372	58,519,398
金钱信托以外的金钱的信托	3,218,827	3,463,944
证券的信托	5,066,024	5,350,832
金钱的信托	10,266,613	8,799,495
动产信托	44,498	59,923
土地以及其附着物的信托	82,369	65,884
概括性信托	39,893,100	42,022,461
合计	146,323,327	153,710,390

2. 本金保本合同的信托细目（包括为运用财产的信托而再信托）

金钱信托

（单位：百万日元）

	2014 年末	2015 年末
资产		
贷款	27,008	23,111
有价证券	104,557	116,704
其他	1,624,592	6,985,751
合计	1,756,157	7,125,567
负债		
本金	1,738,140	7,111,058
债权折旧准备金	81	69
其他	17,936	14,439
合计	1,756,157	7,125,567

3. 金钱信托等受托情况

（1）主要信托财产的受托余额以及总资金量

（单位：亿日元）

	2014 年末	2015 年末
金钱信托	21,275	25,528
年金信托	—	—
财产积累型给付信托	83	80
合计	21,358	25,609
存款	127,414	133,454
可转让存单	48,378	45,732
总资金量	197,151	204,795

注：包括职务分工型共同受托财产的金额如下所示。

（单位：亿日元）

	2014 年末	2015 年末
金钱信托	234,525	204,701
年金信托	153,606	149,502
财产积累型给付信托	83	80
合计	388,215	354,284
存款	127,414	133,454
可转让存单	48,378	45,732
总资金量	564,008	533,470

（2）各信托期间本金余额

金钱信托

（单位：亿日元）

	2014 年末	2015 年末
未满一年	—	—
一年以上未满两年	28	35
两年以上未满五年	1,188	1,130
五年以上	16,924	20,765
其他	650	519
合计	18,790	22,451

注："其他"科目是指 1 个月不能解约型金钱信托和新规一年不能解约型金钱信托。

4. 金钱信托等运用状况

（单位：亿日元）

	2014 年末	2015 年末
金钱信托		
贷款	1,123	1,505
有价证券	1,077	1,195
计	2,201	2,701
年金信托		
贷款	—	—
有价证券	—	—
计	—	—
财产积累型给付信托		
贷款	—	—
有价证券	—	—
计	—	—
贷款合计	1,123	1,505
有价证券合计	1,077	1,195
贷款以及有价证券合计	2,201	2,701

注：包括职务分工型共同受托财产的金额如下所示。

（单位：亿日元）

	2014 年末	2015 年末
金钱信托		
贷款	1,123	1,505
有价证券	176,713	140,370
计	177,837	141,876
年金信托		
贷款	—	—
有价证券	120,395	105,657
计	120,395	105,657
财产积累型给付信托		
贷款	—	—
有价证券	—	—
计	—	—
贷款合计	1,123	1,505
有价证券合计	297,109	246,028
贷款以及有价证券合计	298,233	247,534

5. 贷款情况

"贷款情况"中各表的贷款，是金钱信托、养老金信托和财产积累型信托的贷款。

（1）贷款各科目余额

（单位：亿日元）

	2014 年末	2015 年末
（证书）存单贷款	1,123	1,505
票据贷款	0	0
贴现票据	—	—
合计	1,123	1,505

（2）不同贷款合同期余额

（单位：亿日元）

	2014 年末	2015 年末
1 年以下	82	77
1 年以上 3 年以下	88	136
3 年以上 5 年以下	216	241
5 年以上 7 年以下	212	264
7 年以上	523	785
合计	1,123	1,505

（3）贷款的不同行业明细

（单位：亿日元）

	2014 年末		2015 年末	
运输业，邮政业	35	（3.17%）	—	（—）
金融业，保险业	—	（—）	69	（4.59%）
不动产业	99	（8.82%）	82	（5.47%）
各种服务业	0	（0.01%）	0	（0.00%）
地方公共团体	54	（4.81%）	48	（3.22%）
其他	934	（83.19%）	1,305	（86.72%）
合计	1,123	（100.00%）	1,505	（100.00%）

注：括号内为构成比。

（4）贷款用途明细

（单位：亿日元）

	2014 年末		2015 年末	
设备基金	1,082	（96.30%）	1,359	（90.26%）
运营基金	41	（3.70%）	146	（9.74%）
合计	1,123	（100.00%）	1,505	（100.00%）

（5）贷款不同担保分类明细

（单位：亿日元）

	2014 年末	2015 年末
有价证券	—	—
债券	—	—
商品	—	—
不动产	98	84
其他	6	5
计	104	90
保证	384	662
信用	634	752
合计	1,123	1,505

（6）对中小企业等贷款

（单位：亿日元）

	2014 年末	2015 年末
总贷款余额（A）	1,123	1,505
对中小企业等贷款余额（B）	1,034	1,388
比率（B）/（A）	92.02%	92.19%

所谓的中小企业是指资本金在 3 亿日元（批发业是 1 亿日元，零售业、餐饮业、物品租赁业等是 5,000 万日元）以下，或员工人数在 300 人（批发业、物品租赁业等为 100 人，零售业、餐饮业为 50 人）以下的公司或个人。

（7）消费者贷款余额

（单位：亿日元）

	2014 年末	2015 年末
消费者贷款余额	114	98
其中住宅贷款余额	112	97

（8）本金保本信托贷款的风险管理债权的状况
风险管理债权

（单位：亿日元）

	2014 年末	2015 年末
破产人债权额	0	0
滞延债权额	0	0
超过 3 个月的债权额	1	0
放宽贷款条件的债权额	7	6
合计	9	6
贷款余额	270	231
占贷款比率	3.41%	2.69%

（9）本金保本信托依据金融再生法标准产生债权额

（单位：亿日元）

	2014 年末	2015 年末
破产更生债权及基于此的准债权	0	0
风险债权	1	1
需管理债权	7	5
计	9	6
正常债权	260	224
合计	270	231
披露债权比率	3.41%	2.69%

注：关于贷款各科目中以债务人的财政状况以及经营业绩为基础分为以下几种债权。

1. "破产更生债权以及与其相当的准债权"是指，从开始破产手续、更生手续、再生手续的申报等事由陷入经营失败的债务人所对应的债权以及与其相当的债权。

2. "风险债权"是指债务人虽未陷入经营失败状态，但财政状态以及经营业绩已经恶化，有无根据合同收回债权本金以及利息的较高可能性的债权。

3. "需管理债权"是指 3 个月以上滞延债权以及放宽贷款条件债权。

4. "正常债权"是指债务人的财政状态以及经营业绩无特殊问题，且无上述 1 至 3 所揭示的债权之外的债权。

6. 有价证券余额

（单位：亿日元）

	2014 年末		2015 年末	
国债	452	（42.01%）	466	（39.01%）
地方债券	6	（0.60%）	6	（0.54%）
短期公司债券	—	（—）	—	（—）
公司债券	28	（2.68%）	8	（0.74%）
股份	—	（—）	—	（—）
其他证券	589	（54.71%）	713	（59.71%）
合计	1,077	（100.00%）	1,195	（100.00%）

注：1. 有价证券余额是金钱信托、年金信托、财产积累型信托有价证券的合计。

2. 括号内是构成比。

3. 加算职务分工型共同受托财产的金额如下列所示。

（单位：亿日元）

	2014 年末		2015 年末	
国债	78,993	（26.59%）	58,035	（23.59%）
地方债券	2,534	（0.85%）	2,403	（0.98%）
短期公司债券	199	（0.07%）	2,279	（0.93%）
公司债券	13,652	（4.60%）	9,385	（3.81%）
股份	49,744	（16.74%）	36,496	（14.83%）
其他证券	151,983	（51.15%）	137,427	（55.86%）
合计	297,109	（100.00%）	246,028	（100.00%）

7. 本金保本信托证券等的市值信息
金钱信托
（1）有价证券

（单位：亿日元）

	2014 年末	2015 年末
信托财产余额	1,045	1,167
市值	1,097	1,226
评估损益	51	59

注：以市值相当额可以算定价格的有价证券，附市值。

（2）衍生品交易等

（单位：亿日元）

	2014 年末	2015 年末
评估损益	16	16

银行业务状况

1. 贷款状况

（1）贷款科目期末余额

（单位：亿日元）

	2014 年末	2015 年末
国内业务部门		
贴现票据	13	11
票据贷款	2,943	2,242
（证书）存单贷款	70,175	76,169
短期透支	16,340	13,691
计	89,472	92,115
	(70.95%)	(69.82%)
国际业务部门		
贴现票据	—	—
票据贷款	1,816	1,833
（证书）存单贷款	34,808	37,976
短期透支	—	0
计	36,625	39,810
	(29.05%)	(30.18%)
合计	126,098	131,925
	(100.00%)	(100.00%)

注：括号内是构成比。

（2）各贷款科目平均余额

（单位：亿日元）

	2014 年末	2015 年末
国内业务部门		
贴现票据	13	10
票据贷款	2,592	2,103
（证书）存单贷款	69,068	71,517
短期透支	16,585	14,413
计	88,259	88,045
	(72.97%)	(69.18%)
国际业务部门		
贴现票据	—	—
票据放款（贷款）	1,928	2,252
（证书）存单贷款	30,760	36,971
短期透支	0	0
计	32,688	39,224
	(27.03%)	(30.82%)
合计	120,948	127,269
	(100.00%)	(100.00%)

注：1. 括号内是构成比。

2. 国际业务部门的国内店外币业务的平均余额，须根据每月现期暴露法（前月末电汇汇率牌价适用该月的非交换交易）计算。

（3）不同贷款剩余期间的余额

（单位：亿日元）

		2014 年末	2015 年末
贷款	1 年以下	19,219	20,532
	1 年以上 3 年以下	29,133	31,776
	3 年以上 5 年以下	30,564	26,268
	5 年以上 7 年以下	7,629	11,751
	7 年以上	23,210	27,904
	未定期的	16,340	13,691
合计		126,098	131,925
浮动利率贷款	1 年以上 3 年以下	24,988	25,362
	3 年以上 5 年以下	24,842	21,610
	5 年以上 7 年以下	6,105	9,895
	7 年以上	16,579	20,533
	未定期的	16,340	13,691
固定利率贷款	1 年以上 3 年以下	4,145	6,414
	3 年以上 5 年以下	5,721	4,658
	5 年以上 7 年以下	1,523	1,856
	7 年以上	6,630	7,370
	未定期的	—	—

注：对于贷款剩余期间在 1 年以下的贷款，没有区分浮动利率与固定利率。

（4）贷款的行业明细

（单位：亿日元）

	2014 年末		2015 年末	
国内（特别国际金融交易科目除外）				
制造业	21,012	（20.09%）	20,376	（18.86%）
农业，林业，渔业，矿业，采石业，砾石采掘业	43	（0.04%）	38	（0.03%）
建筑业	1,073	（1.03%）	1,045	（0.97%）
电、煤气、供热、自来水业	4,230	（4.04%）	3,636	（3.37%）
信息通信业	2,250	（2.15%）	2,297	（2.13%）
运输业，邮政业	6,283	（6.01%）	5,942	（5.50%）
批发业，零售业	9,673	（9.25%）	9,115	（8.44%）
金融业，保险业	21,032	（20.11%）	23,079	（21.37%）
不动产业	17,994	（17.20%）	18,069	（16.73%）
物品租赁业	6,189	（5.92%）	6,993	（6.47%）
各种服务业	1,747	（1.67%）	1,452	（1.34%）
地方公共团体	61	（0.06%）	41	（0.04%）
其他	13,003	（12.43%）	15,930	（14.75%）
计	104,596	（100.00%）	108,019	（100.00%）
海外及特别国际金融交易科目	10,359	（48.18%）	13,636	（57.04%）
金融机构	7,547	（35.10%）	7,171	（30.00%）
工商业	3,594	（16.72%）	3,097	（12.96%）
其他	21,501	（100.00%）	23,906	（100.00%）
计	21,501	（100.00%）	29,906	（100.00%）
合计	126,098		131,925	

注：括号内是构成比。

（5）贷款不同用途明细

（单位：亿日元）

	2014 年末		2015 年末	
设备基金	36,599	（29.02%）	37,849	（28.69%）
运营基金	89,498	（70.98%）	94,076	（71.31%）
合计	126,098	（100.00%）	131,925	（100.00%）

注：括号内是构成比。

（6）不同贷款的担保明细

（单位：亿日元）

	2014 年末	2015 年末
有价证券	1,391	2,166
债券	1,839	1,421
商品	3	1
不动产	8,087	7,735
其他	6,475	6,783
计	17,798	18,108
保证	21,362	22,258
信用	86,937	91,557
合计	126,098	131,925

（7）对中小企业等的贷款（国内机构）

（单位：亿日元）

	2014 年末	2015 年末
总贷款余额（A）	104,596	108,019
对中小企业等贷款余额	51,876	55,153
比率（B）/（A）	49.59%	51.05%

注：1. 在贷款中，不包括特别的国际金融交易科目。

2. 所谓的中小企业是指，资本金 3 亿日元（批发业是 1 亿日元，零售业、餐饮业、物品租赁业等是 5,000 万日元）以下，或员工人数在 300 人（批发业、物品租赁业等是 100 人，零售业、餐饮业为 50 人）以下的公司或个人。

（8）消费者贷款余额

（单位：亿日元）

	2014 年末	2015 年末
消费者贷款余额	13,188	13,664
其中住宅贷款余额	13,124	13,611

（9）特定海外债权余额

（单位：亿日元）

	2014 年末	2015 年末
厄瓜多尔	0	0
（占总资产的比例）	(0.00%)	(0.00%)
合计	0	0
对象国家数	1	1

（10）贷款减值损失计提

（单位：亿日元）

	2014 年末	2015 年末
贷款减值损失计提额	1	0

（11）风险管理债权的情况

关于风险管理债权，计入部分直接折旧后的金额。

①风险管理债权

（单位：亿日元）

	2014 年末	2015 年末
破产人债权额	4	5
滞延债权额	230	325
超过 3 个月的滞延债权额	4	2
放宽贷款条件债权额	214	98
合计	454	432
贷款	126,098	131,925
占贷款的比率	0.36%	0.32%

②风险管理债权与呆账准备金比率

（单位：亿日元）

	2014 年末	2015 年末
坏账准备金（A）	385	370
风险管理债权（B）	454	432
担保率（A）／B	84.84%	85.83%

注：坏账准备金包括风险管理债权以外的债权，但是不考虑担保、保证等债权。

2. 坏账准备金的期末余额以及期中增减额

（单位：亿日元）

	2014 年末				2015 年末			
	期首余额	期中增加额	期中减少额	期末残高	期首余额	期中增加额	期中减少额	期末余额
一般坏账准备金	280	320	280	320	320	263	320	263
个别坏账准备金	(1) 86	65	86	65	65	107	65	107
特定海外债权准备科目	0	0	0	0	0	0	0	0
合计	(1) 366	385	366	385	385	370	385	370

注：在期初余额栏的括号内的计数，汇率换算差额。

3. 基于金融再生法资产评估额

（单位：亿日元）

	2014 年末	2015 年末
破产更生债权及准债权	18	19
风险债权	216	311
需管理债权	218	101
计	454	432
正常债权	129,692	136,169
合计	130,146	136,601
披露债权比率	0.34%	0.31%

注：根据《关于金融机能再生应急措施法律》（1998 年法律第 132 号）第 6 条规定，对资产负债表中的公司债券 [仅限于持有该公司债券的金融机构，对其本金和利息偿还提供担保，该公司债券的发行基于《金融商品交易法》（1948 年法律第 25 号）第 2 条第 3 款规定的有价证券私募的公司债]，计入贷款、外汇、其他资产中的应收利息及临时付款，承诺支付应付款各科目的资产以及在资产负债表上标注的借贷的有价证券（限于使用借贷或租赁同合同的借贷），以债务人的财政状态和经营业绩等为基础作出区分并披露。

1. "破产更生债权及与其相当的债权"，因存在申请开始破产手续，更生手续，再生手续等事由，陷于破产困境的债务人债权及与其相当的债权。

2. "危险债权"，虽然债务人在经营未陷于破产，但财政状况和经营业绩恶化，不能收回合同债权的本金的回收和利息的债权。

3. "需管理的债权"是 3 个月以上的债权与放宽贷款条件的债权。

4. "正常债权"是债务人的财政状态和经营业绩没有特别的问题，属于上述 1 到 3 以外的债权。

4. 有价证券的情况

（1）有价证券期末余额

（单位：亿日元）

	2014 年末	2015 年末
国内业务部门		
国债	61,907	64,078
地方债券	1	398
短期公司债券	—	—
公司债券	3,135	5,658
股份	11,698	10,829
其他证券	6,518	5,406
计	83,261	86,372
	（48.45%）	（49.56%）
国际业务部门		
其他证券	88,606	87,888
其中国外债券	84,557	83,679
外国股票	1,643	2,004
计	88,606	87,888
	（51.55%）	（50.44%）
合计	171,867	174,260
	（100.00%）	（100.00%）

注：括号内是构成比。

（2）有价证券平均余额

（单位：亿日元）

	2014 年末	2015 年末
国内业务部门		
国债	64,686	59,323
地方债券	1	76
短期公司债券	—	—
公司债券	3,166	3,425
股票	6,471	6,584
其他证券	3,908	5,619
计	78,235	75,029
	（50.20%）	（49.28%）
国际业务部门		
其他证券	77,601	77,211
国外债券	74,345	73,188
外国股票	1,673	1,873
计	77,601	77,211
	（49.80%）	（50.72%）
合计	155,837	152,241
	（100.00%）	（100.00%）

注：1. 括号内是构成比。

2. 国际业务部门的国内机构外币业务的平均余额，须根据每月现期暴露法（前月末电汇汇率牌价适用该月的非交换交易）计算。

（3）有价证券不同剩余期间余额

（单位：亿日元）

	2014 年末	2015 年末
国债		
1 年以下	6,467	13,422
1 年以上 3 年以下	26,431	22,023
3 年以上 5 年以下	19,739	14,563
5 年以上 7 年以下	7,096	4,258
7 年以上 10 年以下	2,011	7,523
10 年以上	160	2,288
未约定期限的国债	—	—
计	61,907	64,078
地方债券		
1 年以下	—	—
1 年以上 3 年以下	—	0
3 年以上 5 年以下	1	—
5 年以上 7 年以下	—	—
7 年以上 10 年以下	—	358
10 年以上	0	39
未约定期限的地方债券	—	—
计	1	398
公司债券		
1 年以下	433	640
1 年以上 3 年以下	1,277	805
3 年以上 5 年以下	687	452
5 年以上 7 年以下	463	696
7 年以上 10 年以下	242	2,650
10 年以上	29	412
未约定期限的公司债券	—	—
计	3,135	5,658
股票		
未约定期限的股票	11,698	10,829
计	11,698	10,829
其他证券		
1 年以下	6,332	8,095
1 年以上 3 年以下	20,504	18,853
3 年以上 5 年以下	20,096	15,218
5 年以上 7 年以下	9,484	8,869
7 年以上 10 年以下	19,137	21,846
10 年以上	12,766	14,457
未约定期限的其他证券	6,801	5,954
计	95,124	93,294

（续表）

	2014 年末	2015 年末
外国债券		
1 年以下	6,326	7,747
1 年以上 3 年以下	19,573	17,735
3 年以上 5 年以下	17,823	13,720
5 年以上 7 年以下	9,481	8,698
7 年以上 10 年以下	18,746	21,517
10 年以上	12,605	14,259
未约定期限的外国债券	—	—
计	84,557	83,679
外国股票		
未约定期限的外国股票	1,643	2,004
计	1,643	2,004

5. 承诺期末余额

（单位：亿日元）

	2014 年末	2015 年末
承兑票据	—	—
发行信用证	—	—
债务保证	3,658	4,051
合计	3,658	4,051

6. 担保承诺应收款不同担保明细

（单位：亿日元）

	2014 年末	2015 年末
有价证券	22	32
债券	5	0
商品	—	—
不动产	1	0
其他	35	30
计	64	63
保证	117	95
信用	3,476	3,892
合计	3,658	4,051

附录
日本信托银行史①

Trust

① 本文在中国信托业协会党委书记、专职副会长（常务）漆艰明和首席经济学家蔡概还指导下，由百瑞信托研究发展中心陈进根据相关资料整理完成，中信信托金融实验室周萍、长安信托研发部邓婷、昆仑信托发展研究部张雅楠提供了相关资料，在此一并表示感谢！

日本信托制度是从美国引入的，从开展业务的角度看，主要经历了担保公司债信托的初创阶段；《日本信托法》颁布后金钱信托快速发展的阶段；第一次世界大战后大力发展贷款信托，为一些建设周期长、资金需求量大的项目发放长期贷款的高速增长阶段；满足社会经济发展需要，信托的财产管理职能和金融功能并重阶段。目前，日本信托银行的业务中，非金钱信托占比超过金钱类信托，金钱类信托中，贷款信托占比大幅下降，投资信托占比上升；非金钱类信托中，综合信托占比最高，其次是有价证券信托和金钱债权信托。

一、日本信托初创阶段——从美国引入担保公司债信托

日本历史上也有信托的观念，过去有人为了逃避封建诸侯进行剥削和较高的租税负担，便把土地送给寺院，使自己变成佃户，从而来保证自己的收入。这在日本历史上是有记载的，但作为制度的信托是从美国引入的。

（一）附担保公司债信托的引入

1868 年，日本爆发了历史上著名的明治维新运动，由此日本国内的生产力和生产关系得到了极大的释放和调整，进而也使其由闭关锁国开始面向世界，实行开放政策，从美国引入了信托这种舶来品。日本政府在 1900 年（明治 33 年）新颁布的《日本兴业银行法》中首次正式允许银行经营"地方债券、公司债券及股票等信托业务"。虽然这里的"信托"据说是指"保管"这类一般性的意思，但也意味着信托开始在日本落地生根。1902 年，日本兴业银行成立后首次开办了信托业务。

作为法律制度登场的"信托"出现在 1905 年（明治 38 年）的《附担保公司债信托法》中。该法规定发行公司债的企业，资本一定要在 100 万日元以上；同时规定，凡是银行业务以外的机构经营的，都不承认。即只有银行才可以兼营此种信托业务。当时为了筹措资本而引进的担保公司债，在各种事业债发行额中，占比曾经一度达到 50% 以上，以后逐步下降。

发行公司债，会产生很多公司债的债权人。但是，如果这些公司债的债权人，分别享有为担保公司债的抵押权，在实现担保时参差不齐，在让与公司债时每次都需要转移抵押权，手续繁琐。于是，为了所有债权人的利益，让信托公司持有抵押权，因此，需要向信托公司让与抵押权，并且，信托公司不是为了自己的利益，必须为了第三人即公司债权人的利益，持有该抵押权。为了达到该目的，采用了"信托"制度（见图 1）。

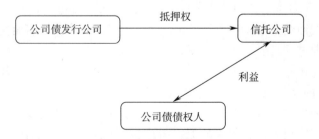

图 1　附担保公司债信托

实际上，日俄战争后经济复兴需要吸收外资，因此需要在伦敦市场发行公司债，在当时伦敦市场发行的担保公司债，就是利用上述信托方式发行的。他们认为，为支持国内重工业的发展，缓解资金不足的瓶颈，利用信托作为筹资手段是很有必要的。当时，兴业银行经办公司债的发行，为使公司债的流通能够顺利进行，于是引进了信托原理。兴业银行采用担保公司债券信托的方式，作为筹资手段发展重工业。此后，安田银行（后来的富士银行）、第一百货银行、三井银行等几家主要的商业银行都相继办起了信托业务。

可以说，日本的信托最初是作为商业银行的业务发展起来的，并不关心个人信托，原因可能在于日本之前已经引入了大陆法系的民法和商法，实行个人信托有些不便，于是就从美国引入了商事信托。1904年成立的东京信托公司是日本第一家专门管理和运用私人财产的专业信托公司，该公司主要从事动产和不动产管理。

（二）信托机构——银行兼营到专业信托公司成立

最初，日本信托业是由银行兼营的。1906年以后，日本在全国各地相继设立了多家信托公司。同年，1904年成立的东京信托公司改组为股份公司，称之为"东京信托株式会社"，完成了信托业务从证券代理到真正意义上的受托人资产管理之转变，成为日本"最纯粹的信托公司"，公司收益是贷款的利息和不动产的管理费。

1906年，日本只有6家信托公司，第一次世界大战爆发后，信托公司数量大增，但总体资本较少，例如，具有1000万日元资本金的信托公司仅有6家，80%以上的信托公司资本金不足100万日元。并且，信托公司业务并不纯正，不少是放高利贷的，这为信托业的清理整顿埋下了导火索。

二、《信托法》之后的整顿时期——金钱信托快速发展

第一次世界大战后，信托业在最初发展过程中隐藏的各种弊病在经济衰退中全部被暴露出来，一大批信托公司纷纷破产。鉴于信托业发展由于缺乏相应的法律规范而越发的无序混乱，日本政府抓住时机，于1922年先后制定了经营信托业务应当遵循的《信托法》和监督经营信托事业的《信托业法》等一大批信托法律法规。这两部法律在法律上和制度上明确了信托的概念和信托制度，并为信托业务的发展创造了条件。

（一）《信托法》颁布，信托业务与银行业务分离

《信托法》完善了日本信托的功能定位，《信托业法》规范了信托公司的行业规则和运行框架，并在法律层面约定信托公司不得兼营银行业务。其中，规定信托公司不得兼营银行业务，以此对信托业进行必要的清理整顿。

信托法制的建立掀起了信托业的合并潮，在此过程中，相当多的信托公司关停，最终只有30多家符合要求的信托公司得以幸存。这些公司不仅资本雄厚，在社会上也有较高的声誉，改变了人民对信托的错误认识，更进一步增加了人民对信托的理解，为日本信托业的稳健规范发展奠定了坚实根基，其积极的促进效应也由此开始凸显。例如，1924年的信托财产总额是一亿日元，到了1928年上升到12.6亿日元，1936年这一数额进一步上升到了22亿元，增长速度惊人。到1929年3月末，信托公司总数为36家，信托财产总额为126,800

万日元，当时整个银行存款总额是 931,100 万日元，两者的比例是 1:8。

（二）金钱信托快速发展，主要进行中长期贷款或投资

《信托法》和《信托业法》这两部法律也成为信托公司的基本法，使日本信托史进入新的历史时期。

整顿后留存的信托公司结合本国国情，创立了长期占据日本信托业务主导地位的金钱信托等特色业务，在突出信托长期金融功能的同时，为国民经济的发展提供了长期稳定的资金来源，使得信托业在日本经济社会的重要性迅速攀升，从而奠定了信托业仅次于银行业地位的基础。1929 年 3 月，金钱信托为 100,400 日元，占信托财产总额的 73%。

金钱信托之所以如此发展，是因为个人财产主要是金钱，需要将财产委托给有能力的人加以管理运用，而又不愿意暴露自己的财产，再就是信托存款的分红率较定期储蓄高，可以增加收益。这样金钱信托便飞跃发展起来。当时金钱信托的投资金额起点为 500 日元，期限两年以上。由于这些现实，金钱信托的对象限于巨额大户。从资金投向上看，金钱信托所吸收资金的 70% 用于对企业的贷款，主要是对铁路、矿业等进行中长期贷款；30% 用于经营公司债等有价证券。金钱信托的巨额资金运用，效果较好，为信托公司的发展提供了保证，而信托公司能够支付较高的红利，又是当时信托公司得以发展的一个条件。

1923 年日本关东地区发生大地震，金融业出现了不稳定现象，因此中小银行发生了危机。银行存款流入到大财阀经营的大信托公司。1931 年经济不景气的现象过去，信托业得到更好的发展。又把金钱信托的期限划分为五年以上的长期和五年以下的短期，这样有利于吸收长期的、稳定的资金，有助于资金的集聚。到 1936 年末，信托公司经营金钱信托的余额，与全国银行定期存款余额相比由 1:8 上升到 1:4。

九一八事变前，日本经济进入鼎盛时期，信托也得到发展，金钱信托多为 5 年或 10 年的长期信托，信托公司把这些钱用于贷款和投资，主要贷款对象有电力、铁路、造纸和矿山等，对国债、公司债等有价证券也进行投资。因此，日本的信托公司具有经营长期资金的金融机构的性质，其地位仅次于普通银行，成为强有力的金融机构。

（三）战时进入银行兼营信托业务阶段

自 1937 年起，日本经济转入战时经济体制，为了筹措大量军费，政府实行金融统制，对信托业进行管制，对银行放款加以控制，同时为组织推销国债，而对金融机构进行整顿，或以地方银行为中心而进行合并。信托公司也将金钱信托的起点，由 500 日元降为 50 日元，从而更多地起到了储蓄机关的作用。

信托公司的整顿也是搞合并和系列化，到 1940 年底，信托公司减少为 21 家。1943 年政府公布了《有关金融机构兼营信托业务的法律》（一般称之为《兼营法》），因此，一般银行业可以兼营信托业务了，《信托业法》也有了很大改变，信托公司大都成为银行的信托部。到 1945 年，日本的专业信托公司仅剩下三井、三菱、住友、安田、川崎、第一劝业和日本投资信托 7 家，而兼营银行有 11 家。

（四）小结

可以发现，在这一时期，日本信托取得长足的发展，但家族信托却寥寥无几。日本信托

事业发展的最大原因是由于工商业逐渐发展，人民的思想转变到如何更好地运用资产上来。到 20 年代末，金钱信托取得很大发展。英国的土地信托和美国的证券信托最为发达，而日本以金钱信托为主，原因可能在于：第一，经济起步晚，一般平民手中拥有的不是有价证券，而是金钱；第二，国土狭小，可信托的土地少，农田被划分得很零碎；第三，家族观念强，家族财产一般有家族人员处理，一般不会委托给信托公司；第四，金钱信托比银行利率高、周转快。

三、战后日本信托业的发展——发展贷款信托筹措长期资金

1945 年 8 月战争结束，日本处于联合国军的占领下，经济、金融都受到联军司令部的命令指挥。除奈良、京都外，其他城市都遭到了破坏，经济处于特别萧条状况。若以 1935 年的工业生产指数为 100 的话，1945 年下降到 38%；矿业指数同期减少为 52.8%。在此情况下，不可避免地发生了通货膨胀。1946 年日本公布了金融紧急措施，冻结存款，按一定价值转化为新日元，有产阶级遭到很大打击。信托公司就在 1947 年撤销了金钱信托期限，想吸收短期资金来弥补损失，但无济于事。货币贬值越来越严重，客户委托越来越少，甚至要求废除已订立的信托合同，使信托业务陷于困境，即使是大的信托公司，经营也非常困难和危险，因而绝大多数中小信托公司都被银行吸收过去了。

（一）第二次世界大战后恢复时期——信托银行出现，进入混业经营时代

二战结束后，日本经济处于瘫痪的状态，继而在日本国内出现了严重的通货膨胀，经济发展雪上加霜。1947 年以后，日本的经济进入恢复时期。日本政府于 1948 年颁布了证券交易法，该法明确了信托公司不允许经营除国债、政府债之外的债券业务，缩小了信托公司的业务范围，信托公司的发展路径开始迷茫。为了使信托公司渡过难关，日本接受了占领军司令部提出的，按照美国做法让信托公司兼营银行业务的建议。但这个建议与原来的《信托法》和《信托业法》有抵触，需要修改《信托业法》才行。而修改法律在时间上来不及，因此只好按照 1943 年实行的银行兼营信托业务的法律进行兼营。即，信托公司先按照银行法改为银行，以后再按兼营法兼营信托业务。1947 年日本大藏省的金融机关"金融制度调查会"在向上级申述的意见中提出："期望信托公司作为综合性财务机关发挥作用，并且根据长期信用银行的设立宗旨，确立长短期金融活动领域加以调整。"其核心意思是，一般银行同时要搞长、短期金融是不合适的，理所当然，希望信托银行应当起到长期金融机构的作用。

从此以后，信托公司改名为"＊＊信托银行股份公司"，首先在组织形式上把信托公司转化为信托银行，借此绕过《信托法》对信托公司不得兼营银行业务的限制，再根据《兼营法》兼营信托业务。而原来被看成特殊银行的劝业、北海道银行等就转化为普通银行了。当时经大藏省批准的这种专业信托公司只有 6 家，因财阀解散，所以都改了名。到 1952 年，又批准可以使用财阀名义命名，于是三井、三菱、住友、安田等就又恢复了旧名，使用至今。除 6 家专业信托外，以后又陆续发展了 11 家以银行业务为主兼营信托的公司，至此，共有 17 家信托公司。6 家专业信托允许兼营银行业务，可以接受存款，所以在存款方面取得了顺利的发展，从此摆脱了战后那种兼营危机的局面。1949 年以后，凡是银行可以经营的业务，信托银行全部可以经营，开始通过兼营银行业务开拓吸收短期资金的渠道，从此日

本信托业进入了混业经营的时代。到 1949 年，这 6 家信托银行的银行存款超过金钱信托的交易额。可以说，混业经营在很大程度上帮助日本信托业渡过了曾经难以发展甚至是生存的时期。

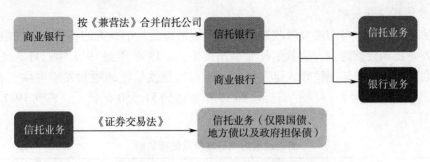

图 2　混业经营时代信托银行发展

（二）贷款信托取得快速发展

这一时期，随着经济恢复，信托业随之好转，并出现两种新的信托，一是证券投资信托，1951 年颁布《证券投资信托法》，证券投资信托作为一种新业务开始推广，这和英国的单位投资信托相似。另一个是贷款信托。

1947 年至 1950 年经济恢复时期，贷款信托得以创立。贷款信托是日本首创并独有的信托品种，它是以一个信托机构（受托人）与多数不特定的委托人之间签订信托契约，通过出售受益证券的方式，主动向委托人募集信托资金的信托业务。它以长期放款为主，主要为一些建设周期较长、资金需求量较大的重点项目募集资金。

1952 年《贷款信托法》颁布，贷款信托是第二次世界大战后为恢复经济的首创，恢复电力、煤炭、钢铁等基础产业。贷款信托的盈利分配按实际分红主义原则，信托公司只扣除一定的报酬，其余全部按照受益证券的持有人所持有的证券张数进行分配。然而，虽说是实际分红，但贷款所得盈利按照当时的金融情况基本是一致的。而且，关于本金部分，一般信托公司都有本金保证，同时，作为准备金积累一定的特别保留金（相当于银行的坏账准备金），从信托报酬中按照一定的比例积累。实际上，盈利按照事先约定好的分红率分配。但是其分配率和金钱信托一样，其 5 年期和 2 年期的以国债利率和贴现利率为基准，每半年调整一次。

1. 贷款信托的发展背景和过程

1949 年日本采取了收缩银根的政策，通货膨胀很快结束，一度中断的金钱信托又恢复了。1950 年经济开始景气好转，产业界对设备资金的需要有所增加，为了满足这种需要，有必要提供一种安全有利的储蓄手段来吸收游资，信托银行的金钱信托方式，就在提供长期资金方面发挥着它的作用。在长期信用银行方面，它可以通过证券市场，用出售金融债券的方式来筹措资金，但信托银行不能发行债券，就只能通过开办存款来筹措资金，其困难在于分支机构少。

因此，当时信托银行就想开发一种具有像长期信用银行经营的金融债券或者证券公司经营的投资信托同样作用的新业务。后来就想出了"贷款投资信托"这种方式，并为实现这一目标，向政府方面提出要求。1952 年政府金融机关的复兴金融公库停业，提出资金的任务让民间机构去搞。在此情况下，政府同意了信托银行提出的贷款投资信托，颁布了《贷款信托法》。该法的第一条明确了目的："本法随着贷款信托将受益权转化为受益证券。为了保护受益者，使一般投资者便于投资，以资对健全发展国民经济的必要领域圆满供应其所需长期资金的目的。"

2. 贷款信托快速发展

贷款信托把人民手中的现金吸收进来，对于筹措资金起了很大的作用，以向电力开发等重要工业方向长期贷款为主，贷款信托发展速度惊人。1956 年到 1973 年，日本经济处于高速发展时期。经济发展使国民收入迅速增加，从而为贷款信托的顺利发展提供了有利条件。1965 年贷款信托余额为 21,927 亿日元，到 1970 年达到 51,550 亿日元，再到 1981 年增长到18,634 亿日元。

表1   高速发展时期日本贷款信托总额

年份	信托贷款金额（亿日元）	年增长率
1965	21,927	
1966	24,792	13
1967	30,000	21
1968	36,079	20
1969	43,123	20
1970	51,550	20
1971	63,496	23
1972	79,754	26
1973	94,005	18
1974	106,676	13
1975	120,149	13
1976	134,761	12
1977	144,666	7
1978	151,367	5
1979	162,917	8
1980	175,241	8
1981	186,314	6

数据来源：根据日本信托业协会及日本银行相关数据整理。

从贷款信托在所有信托业务中占比看，日本信托银行的发展主要依靠贷款信托，其总资金量占比在 50% 以上。

表2   日本主要信托业务规模及占比   单位：亿日元

年份	总量	金钱信托及占比		年金及其占比		贷款信托及占比		投资信托及占比	
1975	186,901	26,071	0.14	15,775	0.08	106,659	0.57	38,396	0.21
1976	221,482	31,827	0.14	20,960	0.09	122,353	0.55	46,342	0.21
1977	263,544	38,515	0.15	27,222	0.10	138,607	0.53	59,200	0.22
1978	308,807	45,946	0.15	34,034	0.11	156,805	0.51	72,022	0.23
1979	348,159	52,490	0.15	42,143	0.12	175,090	0.50	78,436	0.23
1980	374,321	58,193	0.16	50,890	0.14	191,094	0.51	74,144	0.20

数据来源：根据日本信托业协会及日本银行相关数据整理。

从信托银行资金运用看，其对制造业的融资率较高，其中钢铁、化学等行业都高于全国银行一倍以上。对非制造业中的水电、煤气、运输、通讯等行业的融资率也较高，都在10%以上。另外，由于当时日本人对房地产的追逐也比较疯狂，因此，投入到房地产的资金也比较多，如果把建筑业与房地产放到一起，这二者将占资金规模的五分之一。可以说，这一阶段，日本信托银行对房地产的投资数量是惊人的，规模也是空前绝后的。

这一时期，信托和银行的分离也开始出现，1954年，财政部对信托银行和兼营银行提出了指导性方针，要求信托银行以信托为主体，银行业务只能在与信托有关的范围进行。

四、调整期日本信托业——财产管理与金融功能并重

20世纪60年代后期，日本进入福利社会后，发展信托机能的研究以及创新业务也进行起来。从70年代后半期起，日本进入"信托时代"。信托的金融功能和财产管理功能获得充分发挥，信托业务蓬勃发展。例如，1972年的财产积累信托、1975年的特定赠与信托、1977年的公益信托。还有为创造更有利的储蓄，1981年出现了改进贷款信托的"到期还本付息"的信托方式。

表3   相关法律促进信托业务创新

经营主体	法律	创新信托业务类型
信托银行	1962年，《法人税法》《福利养老金保险法》	年金信托业务
	1971年，《促进劳动者财产形成法》	财产形成信托
	1973年	住宅贷款债权信托
	1975年	特定赠与信托、形成财产给付金信托
	1977年	公益信托
	1978年	形成财产基金信托
	1981年	新型贷款信托

（一）适应社会需求的住宅贷款信托和年金信托兴起

日本经济的高速发展引起了产业结构的变化，即从制造业转到非制造业，从个人部门转到公共部门，这就相应引起了资金需求的多样化和重点转移。由于贷款信托推行以来，一直以基础产业作为主要的支持对象，为要适应这种变化，1971年对"贷款信托法"进行了相应的修改，把资金运用由"向开发资源以及其他急需产业顺利地提供长期资金"修改为"向在国民经济健全发展上所需的领域顺利地提供长期资金。"具体而言，就是贷款信托资金运用范围更广了，不仅可以运用在基础产业上，还可以运用于其他各方面，如流通机构、个人住宅、中小企业现代化等方面。

1973年，国际上爆发了第一次石油危机，油价一下上涨了4倍，其结果是企业资金需要量大大减少，设备资金的需求亦随之下降。这对贷款信托的运用也带来了一定影响。在此情况下，信托银行积极增加自己的有价证券，并向亚洲开发银行等机构发放长期贷款，以此来为资金运用扩大出路。信托银行在1971年就被批准在国外开设代表处，这为开发国际业务创造了条件。在第一次石油危机前，日本经济以年递增10%的速度发展，国民生产总值

在 1967 年就超过了英国，但也出现了一些问题。例如，国民的住宅环境和社会福利方面就比其他先进国家显著落后。因此，信托银行在住房和社会福利方面做了一定的努力。

1. 住宅贷款信托

表 4　　　　　　　　**住宅贷款余额的变化**　　　　　　　单位：亿日元

年度	全国银行	城市银行	信托银行	地方银行
1972	21,507	9,040	3,969	7,597
1976	80,357	33,734	14,838	29,370
1980	147,363	61,571	26,509	54,076

数据来源：根据日本信托业协会及日本银行相关数据整理。

可以看出，为了适应国民的需求，日本信托业在不断探索信托业务模式，开展信托银行自己的业务。既满足民众需求，又使自己的业务得到提升。在日本国内的银行系统中，住宅贷款较多的是城市银行，主要因为其经营网点较多，加之贷款期限短，因此从利率、时间等方面都具有比较优势。因此，在住宅贷款中，信托银行所占比重不高，但仍有一定的业务量。

2. 企业年金信托

为了从根本上解决职工退休后生活保障不足的问题。信托银行引进了美国盛行的企业年金支付。从 1950 年开始进行研究，同时向相关方面提出，1957 年提出正式方案，再进一步向政府当局要求承认年金信托制度，并请求在税法上对这个制度加以保护。1962 年通过了法人税法和所得税法的修改案，建立了法定退休养老金制度。凡是与信托银行或人寿保险公司之间签订了合同，具备了税法上的条件，得到国税厅长官批准的，都可以建立，所以年金制度发展很快。

表 5　　　　　　　　**年金信托规模及占比**　　　　　　　单位：亿日元

年份	信托总额	年金信托	所占比例
1975	209,826	15,775	0.08
1976	251,576	20,960	0.08
1977	300,374	27,222	0.09
1978	353,267	34,034	0.10
1979	400,245	42,143	0.11
1980	432,506	50,890	0.12
1981	422,661	62,140	0.15
1982	503,422	73,611	0.15
1983	604,895	86,345	0.14
1984	721,882	101,260	0.14
1985	838,412	117,843	0.14
1986	1,137,269	138,521	0.12
1987	1,440,098	158,810	0.11
1988	1,670,969	176,770	0.11
1989	1,903,165	197,990	0.10

数据来源：根据日本信托业协会及日本银行相关数据整理。

年金信托初期规模和占比都不具有优势，但随着日本经济的发展与社会的重视，年金信托发展很快。其原因在于年金信托一旦成立，年金费都要每个月自动缴入，不断地积累下去。

这些信托业务不同传统的贷款信托，贷款信托属于长期金融机能，新业务带有广泛的财产管理功能，具有信托公司的特点。

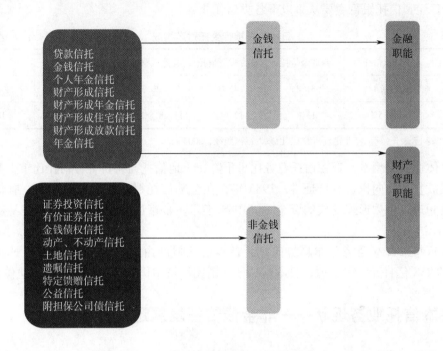

图3　金融功能与财产管理功能下的信托业务

（二）信托银行合并，信托业务不断调整

到 1985 年，日本只有 10 家经营信托业务的银行，其中 7 家以信托业务为主的信托银行，3 家以银行业为主、经营信托业务的信托银行，后者包括 1 家城市银行和 2 家地方银行。这 8 家信托银行参加的信托业协会致力于信托的研究和信托思想的普及、宣传，并为有关信托的法律制定提供建议。从 1985 年 10 月起，陆续有外资信托银行开始营业。从 1993 年 7 月起，证券公司依照《金融制度改革法》的规定，纷纷设立信托银行子公司，经营信托业务。

20 世纪 90 年代前后，日本包括房市、股市在内的资产价格攀升，但最终不得不以经济泡沫的破灭进而陷入漫长的经济复苏之途而告终。信托银行业牵涉其中。与此同时，欧美愈演愈烈的金融混业之风，加之 1999 年美国《金融服务现代化法案》的颁布，使得许多西方金融机构成为真正意义上的"金融百货公司"，因此，包括信托银行在内的所有日本金融机构面临着日益严峻的外部竞争和挑战。在内忧外患之下，日本信托银行再次踏上了合并重组之路，旨在提升核心竞争力的同时，追求信托业资源配置优化之后的高效率。1999 年，三井信托与中央信托合并；2000 年，三菱信托、日本信托和东京三菱银行决定实行联合经营；

2005 年，三菱信托银行和 UFJ 信托银行合并，组成三菱 UFJ 信托银行；2007 年，住友银行收购了英国巴克莱银行在日本的信托业务。尽管日本信托银行合并过程在不断推进中，但日本信托业的发展步伐却没有停滞不前。截至 2009 年 12 月末，共有 31 家信托银行及 273 家分支机构主要从事信托业务。

信托银行是日本信托业的主力。到 1997 年为止，日本信托银行受托的信托财产总额达 231 万亿日元。信托银行主要从事以下各类信托业务：

表 6　　　　　　　　　　　　　日本信托银行受托财产构成　　　　　　　　　　单位：万亿日元

金钱信托	贷款信托	养老金信托	证券投资信托	其他钱财信托	其他	合计
70	40. 4	31. 2	45. 9	20. 3	23. 1	231
30. 3%	17. 5%	13%	19. 9%	8. 8%	10%	100%

数据来源：盖永光：《信托业比较研究》，山东人民出版社，2004。

从具体业务类型看，贷款信托业务比重下降，土地信托与有价证券信托比重上升。信托财产由发放贷款转向投资有价证券。1985 年，在全部信托财产的运用对象中，有价证券的购买量已超过以贷款形式发放的资金量。1988 年，在东京证券交易所的股票交易额中信托银行占 17. 7%。

随着近年来日本经济总体趋势向好，日本信托财产由 2000 年的 282 万亿日元增加至 2009 年的 758 亿日元。可以说，日本信托业在国民经济中仍然有着举足轻重的地位和作用。

五、日本信托业务现状——非金钱信托发展迅速

信托市场不断发展，以灵活运用知识产权等财产来达到资金筹措和管理的信托需求不断增加，越来越多的公司也希望能发挥自身的专业知识和经验，积极参与到信托市场中。在这种市场需求和变化的推动下，日本对《信托业法》进行了修订，并于 2004 年 12 月 30 日开始实施。

新的《信托业法》主要在以下方面发生了变化：（1）信托财产的范围和种类进一步扩大。《信托业法》中，信托财产不仅包括原来的资金、有价证券、资金债券、动产、土地及其固定物、地上权及土地的租赁权，也纳入了知识产权等新的财产权类型。（2）信托业经营机构范围进一步扩大。除以前的信托银行外，允许金融机构以外的其他公司进入信托市场，允许普通公司进行信托受益券销售、信托代理店的经营。目前，日本除按《兼营法》批准的信托银行 46 家外（包括专业信托银行 8 家、信托经营金融机构 21 家、外资信托银行 4 家、信托子公司 11 家，其他信托兼营金融机构 2 家），新设管理型信托公司 4 家、运用性信托公司 4 家。

截至 2015 年末，日本信托业信托资产中金钱信托与非金钱信托占比分别为 40% 和 60%。在金钱的信托中，信托资产余额最大的是金钱信托，其次是投资信托，再次是年金信托；在非金钱的信托中，信托资产余额最大的是综合信托，其次是有价证券信托，再次是金钱债权信托。

表7　　　　　　　　2015 年日本信托业信托余额——按种类区分

业务种类		余额（亿日元）	构成比（%）	同比增长额（亿日元）
金钱的信托	金钱信托	1605494	18.9	25230
	年金信托	382528	4.5	40882
	财产形成给付信托	361	0	25
	贷款信托	323	0	494
	投资信托	1247646	14.7	133255
	金钱信托外之金钱信托	170537	2.0	29906
非金钱信托	有价证券信托	600041	7.1	94142
	金钱债权信托	279846	3.3	9976
	动产信托	349	0	68
	土地及其附着物信托	9451	0.1	582
	土地及其附着物租赁权信托	28	0	0
	综合信托	4199751	49.4	415542
	其他资产信托	50	0	2

注：综合信托业务开办于 1982 年，是将两笔不同种类的财产合二为一，签订一张信托契约的信托方式。

数据来源：日本投资信托协会 2015 年报告，且为官方公布的最新报告。

目前，信托银行一方面可像银行一样经营存贷业务，另一方面也可经营信托业务。日本信托银行受托管理的资产，分为三大类，一是受托人主动管理的资产，二是受托人根据委托人指示管理的资产（被动），三是资产证券化。目前，日本信托银行主动管理的资产占比只有 12.5%，其中以养老金信托、证券信托为主，但是近十多年来，这两大类业务的规模总体变动较小，缺乏增长动力。被动管理的资产占比达 78.7%，这其中信托给其他信托银行管理的信托以及投资信托占比最高，这两者的规模从 2001 年至今持续增长。由此可见，目前，在日本，信托业务主要服务于财产管理和资产管理，不再具有融资功能。

表8　　　　　　　　日本信托业管理资产情况——按管理方式划分

		金额（万亿日元）	占比（%）
主动管理	资金信托	33.4	3.4
	贷款信托	—	—
	养老金信托	40	4
	除资金以外的其他信托	1.6	0.2
	证券信托	41.9	4.5
	其他	3.3	0.3
	合计	123.5	12.5
被动管理	资金信托	92.7	9.4
	养老金信托	45.5	4.6
	投资信托	166.5	16.8
	除资金以外的其他信托	20.7	2.1
	信托给其他信托银行管理的信托	347	35.1
	其他	105.8	10.7
	合计	778.4	78.7

续表

		金额（万亿日元）	占比
资产证券化	货币债权	32.6	3.3
	不动产	32.1	3.2
	合计	65.8	6.7
其他财产信托	其他财产信托	21.4	2.2
总计		989.3	100

来源：日本信托业协会，截至 2016 年 3 月。

六、总结

信托产生于英国，在美国得到发展，日本的信托也因地制宜地发展起来。日本信托公司成立就是以金钱信托为主的，后来又发展了贷款信托。比起英美国家，日本信托更重视的是信托的金融功能，信托公司具有经营长期资金的金融机构的性质。日本信托银行自称为财务的百货公司，可以提供各种业务。一方面向个人提供安全有利的投资渠道；另一方面向企业和公共部门提到长期而稳定的资金。日本有兼营法，规定普通银行可以兼营信托，实际情况却是信托公司兼营银行业，所以目前的信托银行实际上是专业型机构，这与美国的银行业和信托业互相兼营情况有所不同。

从业务上看，日本信托银行一方面是长期金融机构，同时也是短期金融机构，因为它也经营银行业务，并且兼营财务管理业务。信托银行业务具有多样化特征，主要是为了积极地满足社会不断产生的各种需求。此外，信托银行是金融机构，但不仅仅是钱与钱之间的媒介，还要使钱与物结合，让物也能发挥金融职能。动产信托、不动产信托、金钱债权信托就是属于具有金融职能的物品的信托。因此，通过信托的各种职能，信托为经济的发展、为完善社会福利制度作出了很大的贡献。

参考资料

［1］［日］川崎诚一：《信托》，刘丽京等译，1985 年 11 月版。

［2］［日］道垣内弘人：《信托法入门》，姜雪莲译，中国法制出版社，2014 年版。

［3］（民）袁俞佺编：《信托事业》，中华书局，民国二十五年发行。

［4］（民）孔涤庵著：《信托业》，商务印书馆，民国二十三年发行。

［5］刘继新：《日本信托业发展及其启示研究》，吉林大学 2013 年度博士学位论文。

［6］三菱信托银行，田守正笃：《日本信托业的发展》，金融时报 2001 年 12 月 6 日版。

［7］旁峰亭、韩若鹏：《日本信托银行发展演进史对我国信托投资公司发展的借鉴》，载《经济师》，1997 年第 12 期。

［8］中信信托金融实验室：《英、美、日、台信托业务变迁梳理与分析》，2017 年 1 月。

［9］项楚生、成华：《日本的信托银行》，载《现代日本经济》，1982 年第 5 期。

后 记

信托历经数百年，凭借独特的制度优势，逐步成为当今世界各国财富管理和资产管理的最佳制度选择之一，在各国金融体系中具有重要地位。

中国信托业与中国经济改革相伴而生，自 1979 年恢复发展以来，走过了近四十年的发展历程，在服务实体经济、构建现代金融体系和多层次资本市场等方面发挥着重要作用。

然而，现阶段我国对信托金融属性的理论研究基础仍然较为薄弱，难以满足信托业在金融实践中的需求。国内信托金融理论方面的著作和文献寥寥无几。

为夯实信托金融理论根基，助力信托业转型发展，信托行业集业内外合力开展信托金融理论研究，探索搭建中国信托金融理论体系，并成立"百瑞安鑫·信托金融理论研究集合资金信托计划"提供支持。

本丛书由百瑞安鑫·信托金融理论研究集合资金信托计划理事会与中国金融出版社合作出版，希冀汇集中外信托金融理论研究成果，为中国信托事业的健康可持续发展尽绵薄之力。